AF565405

CHRISTOPH WILKER

ICH HATTE EINE GERADE LINIE, DER ICH FOLGTE

CHRISTOPH WILKER

Die Geschichte von Rita Glasner, einem Bibelforscherkind im „Dritten Reich"

Ich hatte eine gerade Linie, der ich folgte

Volk Verlag München

Abb. 1: Rita Glasner 1941, im Alter von 11 Jahren (Umschlag)

Die Deutsche Bibliothek verzeichnet diese Publikation in der Deutschen Nationalbibliografie; detaillierte bibliografische Daten sind im Internet über http://dnb.ddb.de abrufbar.

Neumarkter Straße 23, 81673 München
Telefon 089 / 420 79 69 80, Fax 089 / 420 79 69 86
www.volkverlag.de

Art Direction und Realisierung: Neuberger.Design
Kaiserstraße 7, 79400 Kandern
2. Auflage 2023: Nadine Lorenz, München

Druck: Hubert & Co, Göttingen

ISBN 978-3-86222-165-3

INHALT

VORWORT

„Erinnerung lebt von Emotionalität"

*(Charlotte Knobloch)**

Anfang 2011, zwei Jahre nach dem Tod ihres Mannes, setzte ich mich mit Rita Berger im Rahmen historischer Studien in Verbindung. Ich hatte sie noch nie zuvor gesehen und erst wenige Monate vorher von ihr als Zeitzeugin erfahren. Langsam öffnete sich Rita Berger, die in diesem Buch weitgehend Rita Glasner, ihr Mädchenname, oder kurz Rita genannt wird. Anfänglich ging es nur darum, die zahlreichen Dokumente, die sie von ihrer Mutter Katharina Glasner erhalten hatte, zu sichern und auszuwerten. Doch schließlich entwickelte sich ein reger Gedankenaustausch. Dabei ging es um mehr als die Dokumente ihrer Mutter. Immer mehr trat auch die bewegte Vergangenheit von Rita, einer beeindruckenden und sympathischen Persönlichkeit, die untrennbar verbunden ist mit der Geschichte ihrer Eltern, in den Vordergrund. Die Berichte von Rita waren so berührend und bewegend, dass sich eine Dokumentation ihrer Erfahrungen aus der NS-Zeit nahezu aufdrängte.

Rita wuchs im Münchner Ortsteil Waldtrudering unter den sehr schwierigen Verhältnissen des Nationalsozialismus und der Kriegszeit auf. Als Adolf Hitler und seinem NS-Regime die Macht übertragen wurde, war Rita gerade einmal drei Jahre alt. Sie erlebte damit nahezu ihre gesamte Kindheit und die ersten Jahre ihrer Jugend während des zwölfjährigen NS-Unrecht-Regimes – und das als Kind von Bibelforschern, die von den Nationalsozialisten auf das Schärfste verfolgt wurden.

Neben Rita steht vor allem ihre Mutter Katharina Glasner im Mittelpunkt dieser Dokumentation. Zur Sprache kommen auch Wegbegleiter und andere, die für Rita oder ihre Mutter in den Jahren des NS-Regimes von Bedeutung waren. Dagegen wird bei Personen, die erwähnt werden, um das Gesamtverständnis zu erweitern, auf den Anhang oder eine Fußnote verwiesen.

In der für Kinder üblichen Weise glaubte Rita an Werte, die ihr von ihren Eltern vermittelt wurden. Doch in ihrem Umfeld musste sie immer wieder erleben, dass diese scheinbar keinen Bestand hatten. Ihre Mutter, die unter größtem Druck weiter an ihren biblisch geprägten Wertvorstellungen festhielt, war ihr großes Vorbild. Dagegen fehlte ihrem Vater, den Rita als Ruhepol der Familie wahrgenommen hatte, nach mehrjährigem enormen Druck vonseiten der Gestapo, schließlich die Kraft, weiter für seine Prinzipien einzustehen. Er machte Kompromisse, ohne sich aber innerlich von seinen christlichen Werten zu verabschieden.

Rita wuchs also in einem Umfeld auf, in dem die Wertvorstellungen ihres Elternhauses, zu denen auch sie sich bekannte, als illegal erklärt und bekämpft wurden. So musste sie schon als Kind und Jugendliche vieles beobachten, erleben und verarbeiten, was ihrem Rechtsempfinden widersprach, auch im familiären Umfeld, in der Schule und in der Nachbarschaft.

Die Erfahrungen, die Rita als Kind machte, prägten ihr ganzes Leben. Jahre, Jahrzehnte, war sie nicht in der Lage, über ihre Erfahrungen zu sprechen. Zu viel Schreckliches hatte sie durchgemacht. Selbst als sie in den 1990er Jahren von offizieller Seite angesprochen wurde, lehnte sie es ab, Erlebtes zu offenbaren. Sie wollte weiter nach vorne schauen, das Alte hinter sich lassen, verdrängen.

82 Jahre ist sie alt, im Jahre 2011, bei unseren ersten Gesprächen. Sie ist gepflegt und gut gekleidet, geistig sehr wach und sie wirkt auch körperlich vital. Rita bestätigt, es gehe ihr gut, doch ihr Gesicht und ihre gesamte Ausstrahlung vermitteln: Hier ist eine Person, die viel durchgemacht hat in ihrem Leben. Sie sitzt ruhig, ist gelassen und strahlt Würde aus. Rita weiß viel zu berichten aus ihrem Leben und sie beginnt zu erzählen – aus ihren Kindertagen, über ihre Jugend, über ihre eigenen Erlebnisse und die ihrer Mutter sowie über ihre zahlreichen Wegbegleiter und Begegnungen und die ihrer Mutter.

Erst später erfahre ich: Es war das erste Mal, dass sie ihre Geschichte, die schon so lange Zeit zurückliegt, jemandem anvertraut hat (abgesehen von ihrem Ehemann). Lange hat sie ihre Erfahrungen verdrängt, doch nun ist die Zeit reif, zu erzählen. „Was du machst ist gut", begründet sie ihre veränderte Haltung, „deshalb unterstütze ich dich." Wir treffen uns wiederholt. Es gibt eine endlos erscheinende Kette von Fragen und Antworten, Dokumenten, Fotos. Die Zeit vergeht, Rita ist inzwischen 85 Jahre alt.

Was Rita durchmachen musste, hinterließ bei ihr Spuren bis ins hohe Alter. Unzählige Geschichten von NS-Verfolgten aller Opfergruppen zeigen: Einschneidende Erfahrungen kann ein Mensch in seinem kurzen Leben nicht einfach abschütteln. Er muss sie akzeptieren, mit ihnen leben und sie verarbeiten. Und eben diese Emotionalität, von der Charlotte Knobloch, die ehemalige Vizepräsidentin des Jüdischen Weltkongresses, 2013 sprach, ist es, die Geschichte lebendig werden lässt. Dadurch erhält die Nachwelt die Chance, die Verhältnisse der NS-Zeit und die Ereignisse der NS-Geschichte lebendig werden zu lassen, zu verstehen und – und das ist das Wichtigste – daraus Schlüsse für das eigene Leben zu ziehen.

Christoph Wilker, Frühjahr 2015

**Charlotte Knobloch, die ehemalige Vizepräsidentin des Jüdischen Weltkongresses (2005 bis 2013), am 2. Mai 2013 bei der Verleihung des Austrian Holocaust Memorial Awards im Jüdischen Museum München an Hugo Höllenreiner für seine Verdienste als Zeitzeuge. Höllenreiner war März 1943 mit seinen Eltern und Geschwistern von den Nazis von ihrem Wohnort München nach Auschwitz deportiert worden, weil sie Sinti waren.*

KAPITEL 1

Frühes Verbot der Glaubensgemeinschaft – Erste Auswirkungen auf Ritas Familie

Rita Glasner erlebte als Angehörige einer verfolgten Minderheit zwölf Jahre NS-Terrorherrschaft. Wie empfand sie, als Einzige in der Schule den Hitlergruß abzulehnen und wie reagierten ihre Lehrer? Wie ist sie damit umgegangen, nach der zweiten Inhaftierung ihrer Mutter im Jahre 1943 mehrere Monate völlig auf sich allein gestellt zu sein? Welche Erinnerungen hat sie an den dramatischen Gerichtsprozess in Berlin, als ihre Mutter zunächst zum Tode verurteilt werden sollte, schließlich aber sieben Jahre Zuchthaus erhielt? Warum sah das Gericht für ihre Mutter diese hohe Strafe vor? Wie ging alles letztendlich aus und wie beurteilt Rita diese schwere Zeit heute, im Alter von 85 Jahren? Bevor Rita als Zeitzeugin auf diese und viele weitere Fragen und Szenen ihres Lebens eingeht, nehmen wir den Beginn des NS-Regimes und die ersten Auswirkungen auf ihre Familie in den Blick.

Nachdem Adolf Hitler Ende Januar 1933 zum Reichskanzler ernannt wurde, überstürzten sich die Ereignisse. Zug um Zug und in schneller Reihenfolge wurden Freiheits- und Menschenrechte immer mehr beschnitten, um den Handlungsspielraum für Hitlers politische Ziele zu erweitern. Er wurde zum Diktator über Gut und Böse; und wer sich widersetzte, musste mit den schlimmsten Konsequenzen rechnen.

Rita Glasner war zu dieser Zeit ein Kleinkind, 1933 gerade einmal drei Jahre alt. Ihre Eltern waren im selben Jahr Bibelforscher geworden, wie die Anhänger der Religionsgemeinschaft, die 1931 den Namen Jehovas Zeugen angenommen hatten, in der Öffentlichkeit weiter genannt wurden.[1)] Die Bibelforscher gehörten zu den wenigen, die sich nicht vom NS-Überwachungsstaat dessen „Werte" diktieren ließen. Sie folgten weiter biblischen Maßstäben für Gut und Böse. Daher waren sie überzeugte Kriegsgegner. Und sie verweigerten den Hitlergruß, weil sie den Führerkult ablehnten. Die Konsequenz ihrer Haltung und Überzeugung führte zu zahlreichen Konflikten mit dem NS-Staat.

Doch das frühe Verbot der Glaubensgemeinschaft in den Ländern des Deutschen Reiches bereits wenige Monate

Bek. d. Staatsmin. d. Inn. v. 13. 4. 33 Nr. 2024 k 7 über das Verbot der „Ernsten Bibelforscher".

Auf Grund § 1 der V. des Reichspräsidenten zum Schutze von Volk und Staat v. 28. Februar 1933 (RGBl. I S. 83) wird für das bayerische Staatsgebiet angeordnet:

1. Die Vereinigungen der „Ernsten Bibelforscher" werden aufgelöst und verboten.

2. Die Verbreitung von Druckschriften der Ernsten Bibelforscher sowie jede Art der Werbung für die Ernsten Bibelforscher wird verboten.

3. Zuwiderhandlungen gegen Ziff. 1 und 2 werden nach § 4 der V. vom 28. Febr. 1933 bestraft.

Abb. 2: Bekanntmachung des Bayerischen Staatsministers des Innern vom 13. April 1933 über das Verbot der Ernsten Bibelforscher

1) Zum Namen der Religionsgemeinschaft siehe Anhang, Anmerkung 1.

83

Reichsgesetzblatt

Teil I

1933 | Ausgegeben zu Berlin, den 28. Februar 1933 | Nr. 17

Verordnung des Reichspräsidenten zum Schutz von Volk und Staat. Vom 28. Februar 1933.

Auf Grund des Artikels 48 Abs. 2 der Reichsverfassung wird zur Abwehr kommunistischer staatsgefährdender Gewaltakte folgendes verordnet:

§ 1

Die Artikel 114, 115, 117, 118, 123, 124 und 153 der Verfassung des Deutschen Reichs werden bis auf weiteres außer Kraft gesetzt. Es sind daher Beschränkungen der persönlichen Freiheit, des Rechts der freien Meinungsäußerung, einschließlich der Pressefreiheit, des Vereins- und Versammlungsrechts, Eingriffe in das Brief-, Post-, Telegraphen- und Fernsprechgeheimnis, Anordnungen von Haussuchungen und von Beschlagnahmen sowie Beschränkungen des Eigentums auch außerhalb der sonst hierfür bestimmten gesetzlichen Grenzen zulässig.

§ 2

Werden in einem Lande die zur Wiederherstellung der öffentlichen Sicherheit und Ordnung nötigen Maßnahmen nicht getroffen, so kann die Reichsregierung insoweit die Befugnisse der obersten Landesbehörde vorübergehend wahrnehmen.

§ 3

Die Behörden der Länder und Gemeinden (Gemeindeverbände) haben den auf Grund des § 2 erlassenen Anordnungen der Reichsregierung im Rahmen ihrer Zuständigkeit Folge zu leisten.

§ 4

Wer den von den obersten Landesbehörden oder den ihnen nachgeordneten Behörden zur Durchführung dieser Verordnung erlassenen Anordnungen oder den von der Reichsregierung gemäß § 2 erlassenen Anordnungen zuwiderhandelt oder wer zu solcher Zuwiderhandlung auffordert oder anreizt, wird, soweit nicht die Tat nach anderen Vorschriften mit einer schwereren Strafe bedroht ist, mit Gefängnis nicht unter einem Monat oder mit Geldstrafe von 150 bis zu 15 000 Reichsmark bestraft.

Wer durch Zuwiderhandlung nach Abs. 1 eine gemeine Gefahr für Menschenleben herbeiführt, wird mit Zuchthaus, bei mildernden Umständen mit Gefängnis nicht unter sechs Monaten und, wenn die Zuwiderhandlung den Tod eines Menschen verursacht, mit dem Tode, bei mildernden Umständen mit Zuchthaus nicht unter zwei Jahren bestraft. Daneben kann auf Vermögenseinziehung erkannt werden.

Wer zu einer gemeingefährlichen Zuwiderhandlung (Abs. 2) auffordert oder anreizt, wird mit Zuchthaus, bei mildernden Umständen mit Gefängnis nicht unter drei Monaten bestraft.

§ 5

Mit dem Tode sind die Verbrechen zu bestrafen, die das Strafgesetzbuch in den §§ 81 (Hochverrat), 229 (Giftbeibringung), 307 (Brandstiftung), 311 (Explosion), 312 (Überschwemmung), 315 Abs. 2 (Beschädigung von Eisenbahnanlagen), 324 (gemeingefährliche Vergiftung) mit lebenslangem Zuchthaus bedroht.

Mit dem Tode oder, soweit nicht bisher eine schwerere Strafe angedroht ist, mit lebenslangem Zuchthaus oder mit Zuchthaus bis zu 15 Jahren wird bestraft:

1. Wer es unternimmt, den Reichspräsidenten oder ein Mitglied oder einen Kommissar der Reichsregierung oder einer Landesregierung zu töten oder wer zu einer solchen Tötung auffordert, sich erbietet, ein solches Erbieten annimmt oder eine solche Tötung mit einem anderen verabredet;
2. wer in den Fällen des § 115 Abs. 2 des Strafgesetzbuchs (schwerer Aufruhr) oder des § 125 Abs. 2 des Strafgesetzbuchs (schwerer Landfriedensbruch) die Tat mit Waffen oder in bewußtem und gewolltem Zusammenwirken mit einem Bewaffneten begeht;
3. wer eine Freiheitsberaubung (§ 239) des Strafgesetzbuchs in der Absicht begeht, sich des Freiheit Beraubten als Geisel im politischen Kampfe zu bedienen.

§ 6

Diese Verordnung tritt mit dem Tage der Verkündung in Kraft.

Berlin, den 28. Februar 1933.

Der Reichspräsident
von Hindenburg

Der Reichskanzler
Adolf Hitler

Der Reichsminister des Innern
Frick

Der Reichsminister der Justiz
Dr. Gürtner

Herausgegeben vom Reichsministerium des Innern. — Gedruckt in der Reichsdruckerei, Berlin.

Reichsgesetzbl. 1933 I 25

Abb. 3: Verordnung des Reichspräsidenten zum Schutz von Volk und Staat vom 28. Februar 1933

nach der Machtergreifung Hitlers (10. April in Mecklenburg, 13. April 1933 in Bayern usw.) hatte andere Ursachen. Zum einen störten sich die Nationalsozialisten an dem internationalen Charakter der Bibelforscher-Bewegung („Internationale Bibelforscher-Vereinigung"). Hinzu kam die Propaganda national gesinnter Personen, die die Bibelforscher beispielsweise als „eine pazifistische, unkontrollierbaren ausländischen Einflüssen unterliegende und dem Judentum Schrittmacherdienste leistende Organisation" oder als „amerikanische Sekte mit starkem kommunistischen Einschlag" bezeichneten und damit Vorurteile gegen die Gemeinschaft schürten.[2] In der vom nationalsozialistischen Politiker Julius Streicher herausgegebenen antisemitischen Wochenzeitung „Der Stürmer" wurde bereits im Dezember 1924 unter dem Titel „Entlarvung der ‚Ernsten Bibelforscher'" die angeblich „intime Verbindung mit dem internationalen Judentum" betont und behauptet, „daß die sogen[annten] ‚Ernsten Bibelforscher' eine mit Judengeld aufgezogene Unternehmung zur Irreführung der christlichen Menschheit" sei. In dem Artikel wird erwähnt, dass die „Enthüllungen" einem Bericht der katholischen Kirchenzeitung der Erzdiözese Bamberg vom 14. Dezember 1924 entnommen worden seien.

Stürmer

Antisemitismus

Deutsche Konstrukteure

Juden sind unser Unglück!

Ohnehin bestanden angesichts des Einflusses der beiden großen Kirchen Ressentiments in der Gesellschaft. Dabei ist zu berücksichtigen, dass diejenigen, die sich den Zeugen Jehovas angeschlossen hatten, in den weitaus meisten Fällen vorher aus der Kirche ausgetreten waren. Das traf auch auf die Eltern von Rita zu, die vorher der katholischen Kirche angehört hatten. Die Haltung der katholischen Kirche wird

2) Garbe, Detlef: Zwischen Widerstand und Martyrium – Die Zeugen Jehovas im „Dritten Reich", München 1994, Seite 86f.

Abb. 4: Straßenschild „Kardinal-Faulhaber-Straße", Münchener Innenstadt

auch deutlich durch das Agieren des damaligen Münchner Kardinals Michael von Faulhaber (1869–1952). Der Theologe war ab 1917 Erzbischof von München und Freising, ab 1921 Kardinal und Professor für „Alttestamentliche Exegese und biblische Theologie". Faulhaber bedankte sich mit Schreiben vom 5. Mai 1933 bei den bayerischen Staatsministern für die gegen die Zeugen Jehovas getroffenen Maßnahmen, die in Bayern drei Wochen zuvor, am 13. April 1933, verboten worden waren. Der Kardinal erkannte in dem Schreiben dankbar an, „daß sich im öffentlichen Leben unter der neuen Regierung manches verbessert hat: Die Gottlosenbewegung ist eingedämmt, die Freidenker können nicht mehr offen gegen Christentum und Kirche toben, die Bibelforscher können nicht mehr ihre amerikanisch-kommunistische Tätigkeit entfalten."[3)]

Die Ablehnung des Hitlergrußes löste zwar auch Verfolgungsmaßnahmen aus, sie war aber nicht die originäre Ursache des frühen Verbots. Und die kompromisslose Verweigerung des Wehrdienstes wurde erst mehr als zwei Jahre nach Beginn der NS-Herrschaft zu einem Problem der Zeugen Jehovas, nachdem mit Erlass des Wehrgesetzes vom 21. Mai 1935 die Wehrpflicht wieder eingeführt worden war.

Ein bedeutendes Konfliktpotenzial entstand durch das Verbot der Glaubensgemeinschaft im April 1933 an sich. Die Zeugen Jehovas vertraten den Standpunkt „göttliches Recht

3) Kardinal Faulhaber, Schreiben vom 5. Mai 1933, Akten Deutscher Bischöfe, Seite 259, zitiert in: Garbe: ebd., Seite 93.

Abb. 5: Ludwig und Katharina Glasner mit der zweijährigen Rita (Bildmitte, 1932)

bricht weltliches Recht“ und missachteten daher das Verbot, indem sie sich weiter zu Bibelkreisen trafen und ihr christliches Gedankengut verbreiteten. Bereits das gemeinsame Lesen in der Bibel löste Verhaftungen und Gefängnisstrafen aus, weil dadurch der organisatorische Zusammenhalt der verbotenen Vereinigung gefördert wurde.

Die meisten der 1933 bekannten 500 Münchner Zeugen Jehovas setzten mit ihren Kindern ihre Aktivitäten ungeachtet des Verbots fort. Auch Ludwig und Katharina Glasner besuchten mit ihrer kleinen Tochter Rita weiter die Zusammenkünfte der Zeugen Jehovas, die nun in kleineren Kreisen, im Untergrund „Zellen“ genannt, stattfanden.

Text der etwa 20.000 Protesttelegramme aus aller Welt:

„IHRE SCHLECHTE BEHANDLUNG DER ZEUGEN JEHOVAS EMPÖRT GUTE MENSCHEN UND ENTEHRT GOTTES NAMEN. HÖREN SIE AUF JEHOVAS ZEUGEN WEITER ZU VERFOLGEN, SONST WIRD GOTT SIE UND IHRE NATIONALE PARTEI VERNICHTEN …“

1934 reagierten die Zeugen Jehovas erstmals mit einer Kampagne auf das Verbot und die gegen ihre Gemeinschaft geführten Verfolgungsmaßnahmen. Am 7. Oktober 1934 wurde von allen Ortsgruppen der Zeugen Jehovas in Deutschland ein an die Reichsregierung gerichteter Protestbrief verschickt. Außerdem wurden tausende Protesttelegramme aus dem Ausland versandt, weil auch das Informationsnetz in andere Länder weiter intakt war.

Für München organisierte der damalige Leiter der Ortsgruppe, Johann Kölbl, den Versand der Protestnote. Der Historiker Henrik Eberle stellte fest, dass der an Hitler gerichtete Protest massive Folgen hatte. Mindestens tausend dieser Schreiben wurden an die Gestapo[4)] „zur weiteren Bearbeitung“ weitergeleitet. Es folgte eine reichsweite Verhaftungswelle. Eberle bewertete diese Aktion der Zeugen Jehovas als „Akt kollektiver und kompromissloser Selbstbehauptung, der Achtung abringt.“[5)] Rita war zu dieser Zeit etwa fünf Jahre alt.

RITAS ERZIEHUNG

Rita wurde von klein auf im christlichen Glauben nach dem Verständnis der Zeugen Jehovas erzogen. In ihren Schilderungen betont sie, dass sie bereits mit drei Jahren grund-

4) Die Geheime Staatspolizei (Gestapo) war in der Zeit des Nationalsozialismus im Deutschen Reich (1933–1945) die Politische Polizei und ein Terrorinstrument der NS-Diktatur.
5) Eberle, Henrik: Briefe an Hitler, Bergisch-Gladbach 2007, Seite 208-210.

Abb. 6: Rita im Alter von vier Jahren (links im Bild, 1934)

legende Aussagen der Bibel verstehen und schätzen lernte. Schon früh trat sie fest für diese Werte ein. Rita berichtet, dass sich ihr Vater auch Zeit nahm, um ihr zu erklären, was es mit Hitler und seinem Staat auf sich hatte. Obwohl sie erst drei Jahre alt war, so Rita rückblickend, gelang es ihrem Vater, ihr verständlich zu machen, warum Hitler und sein Regime böse waren.

Aus naheliegenden Gründen widersprach eine Erziehung durch Zeugen Jehovas den Wertvorstellungen des neuen Regimes. Wie unter dem NS-Regime mit Kindern von Zeugen Jehovas mitunter umgegangen wurde, zeigt die folgende Bemerkung in einer Veröffentlichung der Zeugen Jehovas aus dem Jahre 1937, die mit einem ironischen „Heil Hitler" schließt:

Das goldene Zeitalter, September 1937

Das goldene Zeitalter – 1936/37
„Personalien der Eltern gefährdeter Kinder
Neulich kamen Polizeibeamte, [...] um bei den Zeugen Jehovas, welche Kinder haben, festzustellen, wie ihre Personalien seien, dabei führten sie Formulare mit, die folgenden Kopf hatten: ‚Personalien der Eltern von gefährdeten Kindern'. Das satanische Tier [das NS-Regime] betrachtet also die Kinder, welche streng christlich erzogen werden, als erzieherisch ‚gefährdet', beabsichtigt also einen Kinderraub. Was schert sich das Raubtier um das Naturgesetz, daß ein Kind seiner Mutter gehört [...] ‚Heil Hitler'."[6)]

Mehr als 500 Fälle sind dokumentiert, in denen Kinder aus den Reihen der Zeugen Jehovas ihren Eltern durch den NS-Staat entrissen wurden. Aus heutiger Sicht erscheint diese Zahl klein, auch wenn man sie in Relation setzt zu der Zahl der Kinder der damals 25.000 Zeugen Jehovas im Deutschen Reich, die im fünfstelligen Bereich gelegen haben wird. Die Zahl zeigt aber andererseits, dass es sich dabei um ein reales Risiko handelte, mit möglicherweise tragischen Folgen. Berichte über derartige Maßnahmen mussten bei Familien von Zeugen Jehovas mit Kindern große Ängste ausgelöst haben.

6) Das goldene Zeitalter [heute: Erwachet!], 1. Februar 1937, Seite 5.

Auch Rita stand durchaus in der Gefahr, Opfer eines Kinderraubes durch die Nationalsozialisten zu werden, um eine NS-konforme Erziehung, zum Beispiel in einem NS-Erziehungsheim, zu erhalten.

Wie ist heute, aus der zeitlichen Distanz, eine Erziehung durch Zeugen Jehovas während der NS-Diktatur zu beurteilen?

66

Geheime Staatspolizei
Staatspolizeileitstelle München
II 1 B/m

München, den 6. II. 37.

230

Betrifft: Suchungsbericht für
Glasner Ludwig, geb. 23.7.97
zu München, wohnhaft in München,
Engelschalkingerstr. 211.

Im Auftrag der Gestapo-Leitstelle München II 1 B wurde am 3. II. 37 vom Unterzeichneten u.H.K Eichberger die Wohnung des Glasener einer Durchsuchung nach Schriftenmaterial der Intern. Ernsten Bibelforscher unterzogen.
Anwesend war die Frau-Glasener Katharina, geb. Maier, geb. am 4.8.07 zu Schrödelreith-. Widerspruch wurde nicht erhoben; auf Zuziehung von Zeugen wurde verzichtet.

Durchsucht wurden sämtliche zur Wohnung gehörigen Räume. Gefunden und beschlagnahmt wurde 1 Liderbuch" Gesänge zum Preise Jehovas".
Das Buch wird bis zum Abschluß des Verfahrens in der Dst. II 1 B verwahrt.

Hechl,
Krim. Hauptw.

Abb. 7: Bericht der Gestapo München Wohnungsdurchsuchung

Sie war ein Schutz vor dem Gedankengut, welches von den Nationalsozialisten verbreitet – und von weiten Teilen der Bevölkerung auch angenommen wurde. Über die Bedeutung der Erziehung im Elternhaus äußerte sich der SPD-Politiker Klaus von Dohnanyi 1999: „Sie [die Zeugen Jehovas unter dem NS-Regime] haben uns gezeigt, dass Glaube und Anstand, humanistische Werte und überzeugte Menschlichkeit wenig mit Parteipositionen rechts oder links zu tun haben, wohl aber mit einer Erziehung zu und Einübung von religiösen und ethischen Werten.“[7)]

BETEILIGUNG VON RITAS ELTERN AN GEFÄHRLICHER FLUGBLATT-KAMPAGNE

Die Beobachtungen und Erfahrungen, die Rita in den Folgejahren machen musste, passten nur zu gut zu dem, was ihre Eltern ihr über die Hitler-Regierung vermittelt hatten. Sie erinnert sich an einen Tag im Jahre 1936, als die Gestapo bei ihnen eine Wohnungsdurchsuchung machte.

„Die Gestapo brachte die ganze Wohnung durcheinander. Die Polizei fand aber nichts.“

Ende 1936 herrschte Hitler bereits seit knapp vier Jahren im Deutschen Reich und viele Zeugen Jehovas befanden sich inzwischen in Gefängnissen und Konzentrationslagern. Um die Öffentlichkeit auf die Verfolgung

7) Der SPD-Politiker Klaus von Dohnanyi bei einer Gedenkveranstaltung in Hamburg über die Zeugen Jehovas unter dem NS-Regime (Hamburger Abendblatt, 7.6.1999). Dohnanyis Vater, der Widerstandskämpfer Hans von Dohnanyi, wurde 1945 im KZ Sachsenhausen hingerichtet. Dohnanyis Mutter Christine Bonhoeffer war eine Schwester des 1945 von den Nationalsozialisten im KZ Flossenbürg hingerichteten evangelischen Theologen und Widerstandskämpfers Dietrich Bonhoeffer.

durch das NS-Regime aufmerksam zu machen und dagegen zu protestieren, organisierten die Zeugen Jehovas eine zweite Kampagne.[8)] Am 12. Dezember 1936 verbreiteten sie in einer Blitzaktion im ganzen Deutschen Reich Flugblätter mit dem Titel „Resolution“. Die Resolution war eine öffentliche Erklärung, dass sich die Glaubensgemeinschaft nicht an die Einschränkungen ihrer Religionsfreiheit durch das NS-Regime halten werde und enthielt Informationen zur Verfolgung der Gemeinschaft.

Auch der Werkmeister Ludwig Glasner verteilte am 12. Dezember 1936 diese Flugblätter. Seine Frau Katharina unterstützte ihn bei den Vorbereitungen. Die Aktion fand wenige Wochen vor dem siebten Geburtstag von Rita statt. Ritas Eltern hielten die sehr gut vorbereitete und im ganzen Deutschen Reich zu einer fest vereinbarten Zeit durchgeführte Verteilung streng vor ihrer Tochter geheim. Es galt, jedes Risiko zu vermeiden und Rita nicht unnötig zu belasten.

VERBREITUNG DES PROTESTFLUGBLATTES LÖST VERFOLGUNGSWELLE AUS

Die Verbreitung der Protestflugblätter löste eine heftige Verfolgungswelle gegen die Zeugen Jehovas im ganzen Deutschen Reich aus. Durch ihr öffentliches Wirken vor dem Verbot waren die Mitglieder der Religionsgemeinschaft in ihrer Umgebung meistens namentlich bekannt. Bei vielen folgten kurz nach der Flugblattaktion Hausdurchsuchungen. Am

8) Siehe Übersicht „Protestbriefe, Flugblätter und andere Publikationen, mit denen die Zeugen Jehovas auf ihre Verfolgung öffentlich aufmerksam machten“, Nr. 3 des Anhangs.

3. Februar 1937 erschienen Gestapo-Beamte bei Familie Glasner und durchsuchten deren Wohnung. Eine unmittelbare Verbindung zur acht Wochen zurückliegenden Flugblattverteilung ist allerdings unwahrscheinlich. Erst bei dieser zweiten Wohnungsdurchsuchung am 3. Februar 1937 wurde die Gestapo fündig: „Gefunden und beschlagnahmt wurde ein Liederbuch ‚Gesänge zum Preise Jehovas'" (vergleiche Abbildung 7, Seite 20).

In den Augen der Gestapo-Beamten galt die Verbindung zur verbotenen Internationalen Bibelforscher-Vereinigung damit als bewiesen. Ritas Eltern wurden einen Tag später zur Gestapo vorgeladen. Die Vorführungsnote von Ludwig Glasner vom 4. Februar 1937 trägt den Stempelaufdruck „Haft". Noch am selben Tag wurde Ludwig Glasner in das Polizeigefängnis München-Neudeck verbracht.

Es folgten Verhöre durch Gestapo-Beamte, die vermuteten, dass Ludwig und Katharina Glasner an der Flugblatt-Kampagne vom 12. Dezember 1936 beteiligt gewesen waren. Doch Ludwig Glasner bestätigte keine illegale Betätigung für die Internationalen Bibelforscher. Am 11. Februar 1937 wurde er erneut verhört. Jetzt äußerte sich Ludwig Glasner zur Verteilung der Flugblätter, nachdem er eine Woche in Haft und sehr wahrscheinlich durch brutale Misshandlungen unter Druck gesetzt worden war.

Auszug aus dem Gestapo-Protokoll vom 11. Februar 1937: „Am 11.2.37 G l a s n e r aus Polizeihaft vorgeführt und nochmals zur Sache vernommen, erklärte nach längerem Leugnen, daß er nun die volle Wahrheit sagen wolle, worauf er folgende Erklärung abgab: Daß ich anfangs nicht sofort die Wahrheit sagen wollte, hat seinen Grund darin, daß ich nicht zum Verräter werden wollte. Ich gebe nun zu, daß ich Resolutionen verteilt habe..." [9]

Bei einem weiteren Verhör am selben Tage nannte Ludwig Glasner unter dem Druck der Gestapo-Beamten weitere Details zur Verbreitung der Flugblätter. Nach drei Monaten Haft folgte am 13. Mai 1937 seine Verhandlung vor dem Münchner Sondergericht. Dabei drehte es sich um die Verbreitung des von den Nationalsozialisten als „Hetzschrift" bezeichneten Protestflugblattes „Resolution". Im Urteil des NS-Sondergerichts München vom 13. Mai 1937 gegen Ludwig Glasner wird der Inhalt des Flugblattes wie folgt kommentiert:

„In der [Resolution wird] in scharfer und staatsfeindlicher Weise für die Lehre [der Bibelforscher] eingetreten und gegen das staatliche Verbot der Sekte und die in Durchführung des Verbots getroffenen staatlichen Maßnahmen Stellung genommen. Diese ‚Resolution' wurde am 12.12. 1936 von den Anhängern der Bewegung schlagartig in Tausenden von Exemplaren in ganz Deutschland verbreitet."[10] Zur Beteiligung von Ludwig Glasner an der Verbreitung wird Folgendes festgestellt: „Am Donnerstag, den 10.12.1936, übergab [Lorenz] Hofstetter dem Angeklagten Ludwig Glasner am Max-Weber-Platz in München, wohin er ihn 2 Tage vorher bestellt hatte, 8 Päckchen mit je 50 Stck. der ‚Resolution'. Am Abend desselben Tages kam Hofstetter zu Glasner in die Wohnung, erklärte ihm den Inhalt der Päckchen und beauftragte ihn, die Resolutionen durch

9) StAM StAnW 8551/2 (Gesperrte Schrift im Original).
10) Urteil des Sondergerichts München vom 13. Mai 1937, Seite 4 und 5, StAM StAnW 8551/2.

RESOLUTION

JEHOVAS ZEUGEN, die sich nun in Luzern, Schweiz, versammelt haben, sind von vielen Teilen der Erde zusammengekommen, um Jehova im Geist und in der Wahrheit anzubeten und um dem allmächtigen Gott, dessen Name allein Jehova ist, für seine vielen Segnungen zu danken.

Indem wir wissen, daß Jehova immer treulich seine Verheißungen erfüllt, und daß er vor vielen Jahrhunderten versprach, auf Erden sein Königreich der Gerechtigkeit mit Christus Jesus als dem rechtmäßigen Herrscher der Welt aufzurichten, und wir nun aus der Erfüllung der Prophezeiung erkennen, daß der Tag des Königreiches Jehovas herbeigekommen ist, freuen wir uns des Vorrechtes, seine Knechte und Zeugen zu sein und erklären unsere bedingungslose Treue dem Allmächtigen und seinem Königreich gegenüber. Es ist unsere Freude, der leidenden Menschheit zu verkünden, daß Gottes Königreich unter Christi Herrschaft die e i n z i g e Hoffnung des Volkes ist.

Wir heben die Tatsache hervor, daß Satan der große Feind all derer ist, die Jehova Gott dienen, und daß er, Satan, sich zu allen Zeiten der Religionsvertreter bedient hat, um die, die Gott im Geist und in der Wahrheit anbeten, zu bekämpfen und zu verfolgen. Aus diesem Grunde sind viele wahre Nachfolger Christi Jesu verhindert, an diesem Kongreß teilzunehmen, da sie in Deutschland und an anderen Orten in Haft gesetzt worden sind, nicht weil sie etwas Böses getan hätten, sondern weil sie Gott und Christus Jesus dienen und, Gottes Gebot gemäß, sein Wort und sein Königreich verkündigen.

Das Gesetz Gottes ist das höchste Gesetz. Gott ist erhaben über allem, und gleichwie Jesus und die Apostel Gott vor allen Dingen und zu allen Zeiten dienten und bezeugten, dies tun zu wollen, so erklären auch wir, daß wir Gott mehr gehorchen wollen als den Menschen.

Wir rufen alle gutgesinnten Menschen auf, davon Kenntnis zu nehmen, daß Jehovas Zeugen in Deutschland, Österreich und anderswo grausam verfolgt, mit Gefängnis bestraft, und auf teuflische Weise mißhandelt und manche von ihnen getötet werden. Alle diese verruchten Taten werden gegen sie von einer grausamen, heimtückischen und bösen Macht verübt, wozu diese durch jene religiöse Organisation, nämlich die römisch-katholische Hierarchie, welche viele Jahre lang das Volk getäuscht und den heiligen Namen Gottes gelästert hat, veranlaßt wird. Die Hitlerregierung, die von den Jesuiten der römisch-katholischen Hierarchie unterstützt und beeinflußt wird, hat wahren Christen jede Art grausamer Bestrafung auferlegt und fährt fort dies zu tun, gleichwie auch Christus Jesus und seine Apostel um der Gerechtigkeit willen verfolgt wurden. Jehova Gott hat seinen Knechten befohlen, diese Bösen (Hesekiel 33: 8, 9) zu warnen, damit die volle Verantwortung für ihr verkehrtes Handeln auf ihnen selbst ruhe. Aus diesem Grunde lassen wir heute die Warnung an die Herrscher in Deutschland, an die römisch-katholische Hierarchie und an alle ähnlichen Organisationen,

…ung in Frieden … 32: 1).

…D BESCHLOSSEN, je eine Abschrift dieser Resolution an Herrn Hitler … den Papst in der Vatikanstadt, dem Haupt der römisch-katholischen …hie, zu senden.

Mitteleuropäischer Kongreß der Zeugen Jehovas
Luzern
(Tagung vom 4. bis 7. September 1936)

Imprimé en Suisse. TOUR DE GARDE Berne

Abb. 8: Die Luzerner Resolution, ein Protesflugblatt, das während eines Kongresses in Luzern im September 1936 verabschiedet und am 12. Dezember 1936 und am 10. Februar 1937 im ganzen Deutschen Reich von Jehovas Zeugen verbreitet wurde

die Eheleute Sedlmaier und Frau Friedl verteilen zu lassen und sich selbst an der Verteilung zu beteiligen. 3 Päckchen nahm Hofstetter an dem Abend wieder mit. Dem Angeklagten verblieben also 5 Päckchen mit je 50 Stück der ‚Resolution'. Er steckte, teilweise mit Hilfe seiner Ehefrau, sämtliche Resolutionen in Briefumschläge. Später übergab er in seiner Wohnung der Mitangeklagten Katharina Sedlmaier 100 Stück und der Frau Friedl 50 Stück der ‚Resolutionen' zur Verteilung. Jedem Päckchen lag ein Zettel mit einem Verzeichnis der Straßen, in dem die Flugblätter verteilt werden sollten, bei. Von den übriggebliebenen 100 Stück der ‚Resolution' verteilte der Angeklagte Ludwig Glasner selbst etwas über die Hälfte zwischen dem Max-Weber-Platz [München] und Oberföhring durch Einwerfen in die Briefkästen. Den Rest sollte seine Frau, die Mitangeklagte Katharina Glasner verteilen. Diese will jedoch die Flugblätter verbrannt haben."[11)]

Über die Bedeutung der Flugblattaktionen der Zeugen Jehovas im Dritten Reich wird in einer Veröffentlichung des Instituts für Zeitgeschichte, München/Berlin, Folgendes bemerkt: „Zweimal, am 12. Dezember 1936 und am 20. Juni 1937, gelangen ihnen [den Zeugen Jehovas] mit der schlagartig im ganzen Reichsgebiet durchgeführten Verteilung von Protestflugblättern Propagandacoups, wie sie in diesem Umfang keine andere illegale Gruppe zustande brachte."[12)]

Ludwig Glasner wurde zu sechs Monaten Gefängnis verurteilt. Er kam in das Münchner Strafgefängnis Stadelheim. Katharina Glasner erhielt eine Gefängnisstrafe von drei Wochen, die sie nach Ende der Haftzeit ihres Mannes

11) Ebd.
12) Horst Möller, Volker Dahm, Hartmut Mehringer: Die tödliche Utopie, München 1999, Seite 293.

antreten musste. Das Sondergericht nahm damit Rücksicht auf die siebenjährige Rita, eine für NS-Maßstäbe bemerkenswerte Entscheidung, die in München auch eine andere Familie aus den Reihen der Zeugen Jehovas erfahren durfte.

Die inzwischen eingeschulte siebenjährige Rita musste mit ansehen, wie zuerst ihr Vater und dann ihre Mutter wie Verbrecher inhaftiert wurden. Ritas Vater war vom 2. Februar bis 13. August 1937 im Gefängnis. Sie vermisste ihren Vater sehr, auf den sie sechs Monate verzichten musste – für eine Siebenjährige eine lange Zeit.

„Ich habe sehnsüchtig auf meinen Vater gewartet. Ich hing an meinem Vater. Er war mein Halt, weil er so ruhig und gelassen war."

Auch für Ritas Mutter war diese Zeit sehr belastend. Sie tat sich schwer, alles zu verarbeiten. Hinzu kamen wirtschaftliche Schwierigkeiten. Wie sollte sie die Wohnungsmiete zahlen, nachdem ihr Mann im Gefängnis nichts verdiente? Katharina Glasner begab sich auf die Suche nach Arbeit, die sie schließlich in der Münchner Großmarkthalle fand. Sie verdiente fünf Reichsmark am Tag, was sie wieder in die Lage versetzte, die Miete zu zahlen.

IN GEGENWART VON RITA UNTER FOLTER ERZWUNGENE UNTERSCHRIFT

Am Ende der Haftzeit im August 1937 wurde Ludwig Glasner – wie vielen anderen Zeugen Jehovas – eine Erklärung vorgelegt, die er unterschreiben sollte. Die meisten Zeugen Jehovas lehnten es ab, mit der Unterschrift ihre religiöse Auffassung als Irrlehre zu bezeichnen. Auch Ludwig Glasner war fest entschlossen, nicht zu unterschreiben. Doch die Gestapo fand einen perfiden, aber wirksamen Weg, seine Haltung zu brechen. Sie luden seine Frau Katharina mit der siebenjährigen Tochter Rita vor. In dem großen, länglichen Raum befanden sich fünf Personen: Auf der einen Seite nahe dem Fenster die kleine Rita mit ihrer Mutter, auf der anderen Seite Ritas Vater und zwei Gestapo-Beamte. Auf diese Weise hatte Ludwig Glasner gegen zwei Fronten zu kämpfen: Auf der einen Seite musste er psychische und körperliche Folter der Gestapo-Beamten ertragen und auf der anderen Seite ansehen, wie seine Frau und besonders seine kleine Tochter darunter litten. Letzteres machte ihm noch mehr zu schaffen. Die Vorgehensweise der Gestapo verfehlte nicht ihre Wirkung.

Rita erinnert sich:

„Mein Vater wurde furchtbar geschlagen –
vor meinen Augen und den Augen meiner Mutter.
Sie haben ihn regelrecht zugerichtet.
Er wollte nicht unterschreiben. Als ich sah,
wie mein Vater schwer geschlagen wurde,
fing ich jedoch an zu weinen und zu schreien.
Diesem Druck hielt meine Mutter nicht stand.
Schließlich forderte sie meinen Vater auf,
dem Ganzen doch ein Ende zu machen und zu
unterschreiben. Mein Vater erlag
dem enormen Druck und unterschrieb."

Zwei Gestapo-Beamte schlugen Ludwig Glasner blutig, dazu das schreiende Kind. Ludwig und Katharina Glasner hatten eine sehr herzliche Beziehung zueinander und zu ihrer Tochter. Die Emotionen seiner Frau und die der kleinen Rita übertrugen sich auf Ludwig Glasner, der so unter physischen Schmerzen und psychischem Druck zur Unterschrift gezwungen wurde. Besonders Ludwig, aber auch Katharina Glasner hat dieser Vorfall noch lange belastet. Die Erfahrung mit den Gestapo-Beamten hatte auch Einfluss auf spätere Entscheidungen von Ritas Vater, denn seine Moral war nun gebrochen.

Ritas Lehre daraus:

„Besser Folter in Kauf nehmen als nachgeben. Schläge und Schmerzen hören auf. Ein schlechtes Gewissen kann einen dagegen jahrelang belasten."

Und über ihre eigene Rolle als damals Siebenjährige urteilt sie:

„Wäre ich nicht dabei gewesen, wäre das Ganze wahrscheinlich anders ausgegangen."

Ludwig Glasner hatte die Erklärung zwar unterschrieben, aber nicht freiwillig. Er war schwach geworden, doch seine Einstellung hatte sich nicht verändert und so betätigte er sich nach seiner Freilassung weiter als Zeuge Jehovas.

RITAS MUTTER IM GEFÄNGNIS

Katharina Glasner war nicht zur Unterzeichnung einer derartigen Erklärung gezwungen worden. Sie wurde ohne weiteres nach Ablauf ihrer dreiwöchigen Haft im September 1937 wieder freigelassen. Rita erinnert sich wie fürsorglich sich ihr Vater um sie gekümmert hatte, während ihre Mutter inhaftiert war – in einer Zeit, als Haushalt und Erziehung noch eine Domäne der Mütter war.

„Das war eine wunderbare Zeit für mich. Mein Vater tat alles für mich. Die Zeit hat mich mit meinem Vater sehr verbunden.“

Diese Erfahrung stand auch unter dem Eindruck der langen vorherigen Trennung vom inhaftierten Vater und seiner schrecklichen Behandlung, die Rita beim Gestapo-Verhör miterleben musste. So hatte die schmerzliche Trennung von der Mutter aus Sicht der kleinen Rita auch eine gute Seite. Es entstand ein noch engeres und herzlicheres Verhältnis zum Vater, wovon sie noch lange profitieren sollte.

KAPITEL 2

Courage als Kind

Ritas Vater Ludwig Glasner war im Münchner Ortsteil Denning aufgewachsen. Ritas Mutter Katharina zog nach ihrer Heirat nach Denning. Ihre gemeinsame Adresse war die Englschalkinger Straße 212. So verbrachte Rita ihre frühe Kindheit in diesem Stadtteil, wo sie auch noch eingeschult wurde. Die Schule befand sich ganz in der Nähe ihrer Wohnung, sodass Rita sie auch zu Fuß erreichen konnte.

VERLUST DER DENNINGER WOHNUNG

Erst durch das NS-Regime wurde Familie Glasner gewaltsam aus ihrer vertrauten Umgebung herausgerissen, indem ihnen die Wohnung gekündigt wurde. Bereits während der Haft von Ludwig Glasner im Sommer 1937 und damit vor ihrer eigenen Haft erreichte Katharina Glasner die Kündigung. Ludwig Glasner war als Denninger im Ort bekannt. Die Nationalsozialisten fürchteten einen „zersetzenden" Einfluss der Familie auf die Bewohner von Denning. So musste sich die Familie nach Ablauf der Haftzeiten von Ludwig und Katharina Glasner im September 1937 eine neue Wohnung suchen, die sie an der Wasserburger Landstraße 266 im Münchner Ortsteil Waldtrudering[1)] fand.

1) Waldtrudering wurde von den Nationalsozialisten 1937 als neuer Stadtteil München zugeordnet. Die Größe und Bedeutung der „Hauptstadt der Bewegung" sollte durch die Eingliederung von umliegenden Gemeinden gestärkt werden.

Das bedeutete für Rita und ihre Eltern neben dem Verlust des heimatlichen Umfeldes auch eine Verschlechterung der Wohnsituation. Für Rita war mit dem Umzug auch ein Wechsel der Schule verbunden. Nach dem Umzug besuchte sie die Schule an der Turnerstraße. Sie war damals in der zweiten Klasse. Die Wohnung an der Wasserburger Landstraße blieb für 13 Jahre die Adresse der Familie Glasner, bis in das Jahr 1950.

Abb. 9: Die elfjährige Rita Glasner mit ihrer Mutter (1941)

Rita nahm auch ihr Leben in Waldtrudering ab September 1937 von Anfang an als Zeit der Verfolgung wahr. Unter ihrer neuen Wohnung befand sich eine Gaststätte, deren Wirtin enge Kontakte zu Gestapo-Beamten pflegte, die oft das Lokal besuchten. Familie Glasner fühlte sich ständig von der Wirtin beobachtet. Zu Wohnungsdurchsuchungen durch die Gestapo kam es an der neuen Adresse jedoch über mehrere Jahre nicht mehr.

Treffen einer sogenannten Zelle fanden zu dieser Zeit in Waldtrudering nicht mehr statt. Bibelbesprechungen wurden nur noch im Familienkreis durchgeführt. An diesen Besprechungen nahm allerdings oft die zehn Gehminuten entfernt wohnende Zeugin Jehovas Lina Wilhelm teil, manchmal fanden diese auch bei ihr in der Niobestraße statt. Lina Wilhelm hatte zwei Töchter, Ritas neue Mitschülerinnen Ruth und Hildegard. Ruth bekannte sich nicht zu den Zeugen Jehovas. Auch nach dem Krieg nahm sie den Glauben der Gemeinschaft nicht an.

DIE SCHULE UND DER HITLERGRUSS

Ostmark-Medaille

Rita konnte auch die Waldtruderinger Volksschule an der Turnerstraße (Ostmarkschule[2)], später Turnerschule) bequem zu Fuß oder mit dem Fahrrad erreichen. Die Schule wurde sehr streng nach NS-Maßstäben geführt. Der Rektor verlangte von ihr, mit „Heil Hitler“ zu grüßen, was Rita jedoch ablehnte. Der Druck des Rektors hat sie sehr belastet, was dazu führte, dass sie sich morgens oft nicht wohl fühlte und manchmal sogar Fieber hatte. Es kam vor, dass sie zu Hause die Tränen nicht mehr zurückhalten konnte. Und sie wurde im Laufe der Schuljahre häufig krank.

2) Ostmark: Bezeichnung für das am 13. März 1938 an das Deutsche Reich angeschlossene Gebiet Österreichs. Der Name wurde 1942 durch den Sammelbegriff „Alpen- und Donau-Reichsgaue“ ersetzt. Die oben abgebildete Ostmark-Medaille wurde von Hitler an Personen für Verdienste in Verbindung mit dem Zusammenschluss verliehen. Die Rückseite der Medaille enthält den Text: EIN VOLK – EIN REICH – EIN FÜHRER – 13. MÄRZ 1938.

Abb. 10: Turnerschule (Gebäude aus dem Jahre 1938, Aufnahme 2014)

„Die Zeiten in der Schule gehörten zu den schwierigsten Belastungen, die ich während der NS-Zeit erdulden musste. Und sie dauerten jahrelang an. Es kam oft vor, dass ich mit dem Fahrrad zur Schule fuhr, aber dann unterwegs umdrehte und wieder nach Hause fuhr. Es fehlte mir die Kraft."

Rita erinnert sich, dass der Rektor, Herr Lex, sie fast jeden Tag von einem Fenster aus dem ersten Stock, wo sich sein Büro befand, beobachtete. Der Rektor passte sie dann im Treppenhaus zum Hitlergruß ab. Immer wieder wurde sie in das Büro von Herrn Lex zitiert und dort heftig beschimpft. Manchmal gelang es Rita aber auch, im Schutz einer Gruppe von Mitschülern in das Schulgebäude zu gelangen, ohne vom Rektor wahrgenommen zu werden. Im Klassenraum, der sich im zweiten Stock des Schulgebäudes befand, wurde dann von den Schülern nochmals erwartet, mit „Heil Hitler“ zu grüßen. Doch Rita lehnte das dort ebenso ab, was für sie weitere Schwierigkeiten mit sich brachte.

Hitlergruß

Ritas Lehrerin sprach aus diesem Grund einmal Ritas Mutter Katharina Glasner an, doch diese reagierte mit den Worten: „Das muss meine Tochter selbst entscheiden.“

Lebhaft erinnert sich Rita noch an die Drohungen des Schulrektors:

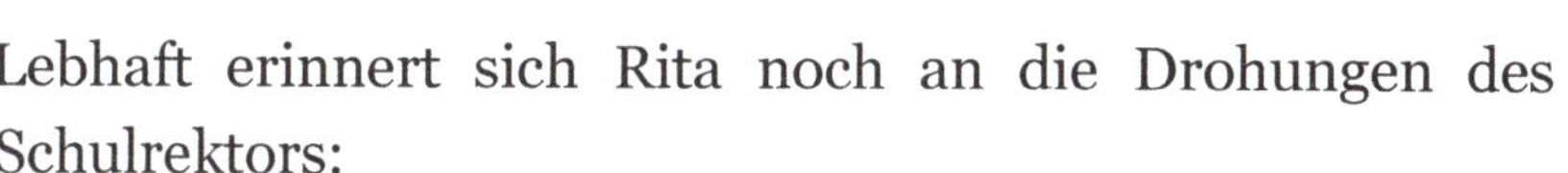

„Der Schulrektor sagte: Wenn du nicht ‚Heil Hitler‘ sagst, dann sorge ich dafür, dass deine Eltern ins Gefängnis kommen.“

Rita wusste, was das bedeuten würde. Sie hatte bereits erleben müssen, wie ihre Eltern inhaftiert wurden und wie ihr Vater von der Gestapo misshandelt worden war. Und obwohl der Rektor sie nicht bei der Gestapo anzeigte, hatte die achtjährige Rita Angst. Jeden Tag wurde sie aufs Neue mit dieser Situation konfrontiert.

Der Schulalltag entspannte sich erst in der fünften und sechsten Klasse mit einer neuen Lehrerin. Diese tolerierte Ritas Haltung und übte keinen Druck auf sie aus.

MIT DEM ERNEUTEN SCHULWECHSEL BEGANNEN WIEDER SCHWIERIGKEITEN

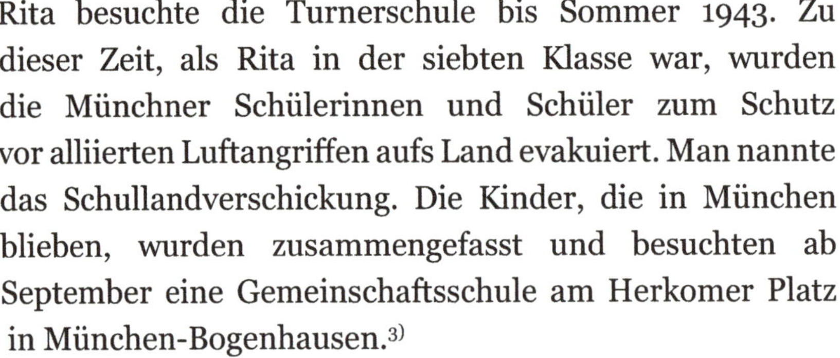

Rita besuchte die Turnerschule bis Sommer 1943. Zu dieser Zeit, als Rita in der siebten Klasse war, wurden die Münchner Schülerinnen und Schüler zum Schutz vor alliierten Luftangriffen aufs Land evakuiert. Man nannte das Schullandverschickung. Die Kinder, die in München blieben, wurden zusammengefasst und besuchten ab September eine Gemeinschaftsschule am Herkomer Platz in München-Bogenhausen.[3)]

Auch Rita besuchte diese Schule. Mit der Begründung, dass sie als Näherin dringend die Unterstützung ihrer Tochter benötige, hatte Katharina Glasner durchgesetzt, dass Rita bei ihr bleiben konnte. Katharina Glasner stellte in Heimarbeit Anoraks her und Rita half ihr dabei, indem sie Knöpfe annähte. So konnte Rita bei ihrer Mutter bleiben.

Ritas neue Schule war zu weit entfernt – etwa zehn Kilometer – um sie zu Fuß oder mit dem Rad zu erreichen. Deshalb fuhr Rita nun jeden Tag mit dem Omnibus zur Schule. In der neuen Schule erlebte Rita wieder zunehmend Diskriminierung und Ausgrenzung.

„Ich wurde jeden Tag heruntergesetzt. Jeden Tag wurde gesagt, wie schlecht ich wäre, weil ich ja unseren Führer nicht anerkenne und nicht [mit Heil Hitler] grüße."

3) Die Turnerschule in Waldtrudering, damals ein Neubau, wurde kurze Zeit später, noch im Jahr 1943, als Lazarett genutzt. 1948 wurde das Krankenhaus aufgelöst und das Gebäude dem Schulreferat der Stadt München übergeben. Das Gebäude wird bis heute wieder als Schule genutzt.

Abb. 11: Die 1914 erbaute Schule am Herkomer Platz, heute Gebeleschule (Aufnahme 2014)

Hinzu kamen die Probleme, die ihr einige Mitschülerinnen machten. Eine Schulkameradin war durch ihr Elternhaus sehr nationalsozialistisch geprägt. Ihren Vater bekam man nur in SA-Uniform zu sehen. Diese Mitschülerin suchte nach Gründen, Rita Schwierigkeiten zu bereiten. Sie forderte sogar andere Schüler auf, Anklagepunkte gegen Rita zu sammeln. Gleichzeitig erlebte Rita aber auch unerwartete Solidarität, als ihr eine Schulkameradin mehrfach zu Hilfe kam. Rita besuchte die Schule am Herkomer Platz bis zum Ende des Krieges.

Die Brisanz der Lage, in der sich Rita befand, zeigen Erfahrungen anderer Kinder von Zeugen Jehovas. Detlef Garbe schildert einen Fall, der zu einem obergerichtlichen

NS-Grundsatzurteil führte. Der Rektor einer Volksschule in Alfdorf (Nähe Schwäbisch Gmünd) setzte sich dafür ein, den Eltern von zwei seiner Schülerinnen das Sorgerecht zu entziehen. Er hatte sich daran gestört, dass die beiden Mädchen beharrlich den Hitlergruß verweigerten. Das Urteil der Revisionsverhandlung vor dem Oberlandesgericht München vom 3. Dezember 1937 gründete sich auf folgende Feststellungen: Die beiden Kinder hatten nicht an der Feier des Tages der nationalen Arbeit teilgenommen. Sie hatten die Erweisung des Hitlergrußes, das Singen des Horst-Wessel-Liedes (Parteihymne der NSDAP) und im Kunstunterricht das Zeichnen der Hakenkreuzfahne verweigert. Eines der Mädchen hatte darüber hinaus ausdrücklich erklärt, sie stehe nicht hinter Hitler. Das Gericht stellte fest, „daß die beiden Kinder infolgedessen im Elternhaus der Gefahr der sittlichen Verwahrlosung ausgesetzt sind.“[4] Den Eltern wurde das Sorgerecht entzogen; die Kinder kamen zunächst in eine NS-Pflegefamilie, später in ein Kinderheim.

KURIERDIENSTE VERBOTENER SCHRIFTEN

„Der Wachtturm“
15. Juni 1933

Die Schriften der Zeugen Jehovas mussten wegen des Verbots aus dem Ausland ins Deutsche Reich geschmuggelt werden. In München gab es mehrere Orte, an denen die Zeitschrift „Der Wachtturm“ und andere illegale Schriften der Zeugen Jehovas mithilfe eines Abziehapparats vervielfältigt wurden. Kuriere übernahmen dann die gefährliche Aufgabe, die Zeitschriften an andere Zeugen Jehovas zu verteilen.

4) Garbe, Detlef: Zwischen Widerstand und Martyrium – Die Zeugen Jehovas im „Dritten Reich“, München 1994, Seite 197ff.

„Meine Mutter war viel fort.
Und weil es so gefährlich war, über Informationen
zu verfügen, sagte sie mir nicht, wohin sie ging.
Mir war allerdings bekannt, dass sie zum Beispiel
oft als Kurierin mit dem Zug nach Rosenheim fuhr,
um biblische Schriften dorthin zu bringen."

Auch Rita stellte sich für Kurierdienste zur Verfügung. Sie war mit ihrem Fahrrad als Kurierin in München unterwegs. Das erforderte enormen Mut. Und obwohl Rita wie auch ihrer Mutter die große Gefahr für Leib und Leben bewusst war, setzten sie sich ihr aus. Rita erklärt in diesem Zusammenhang:

„Dazu muss man die damalige Zeit verstehen.
Die war völlig anders als heute.
Ich kannte nichts anderes als Verfolgung
und Beobachtung durch die Nazis.
Dabei hatten wir eine starke Überzeugung.
Für mich war es selbstverständlich, mich
zur Verfügung zu stellen, als meine Mama
mich fragte. Und für meine Mama gab
es ja auch nichts anderes.
Unsere starke biblische Überzeugung
prägte die ganze Familie."

Ritas Kurierdienste begannen zu Beginn der Waldtruderinger Zeit im Herbst 1937, als sie noch sieben Jahre alt war. Die Kurierdienste waren gefährlich, aber als Kind stand sie nicht so leicht in dem Verdacht, verbotene Schriften zu transportieren. Sie fuhr oft mit dem Fahrrad von der Wohnung ihrer Familie in der Wasserburger Landstraße 266 durch das Moosfeld zur Familie Hofstetter nach Denning, eine etwa acht Kilometer lange Strecke. Dafür brauchte sie eine gute halbe Stunde.

„Im Laufe der Jahre bin ich oft gefahren. Ich transportierte immer nur eine Zeitschrift, mehr passte nicht unter den Sattel. Das ging ungefähr von 1937 bis die Mutter wieder eingesperrt wurde. Und das war im November 1943."

Leni Diehl, geborene Willibald, die Rita in den 1940er Jahren während des Krieges kennenlernte, erinnert sich: „Rita fuhr immer allein mit dem Rad, um Schriften zu befördern, weil sie allein nicht so auffiel."[5)] Woher Katharina Glasner die Zeitschriften erhalten hatte, war Rita nicht bekannt. Auf den Hinweis, das sei aber eine lange Zeit – sechs Jahre – gewesen, erwidert Rita:

„Wir waren ja in der ganzen Zeit tätig. Meine Mutter war sogar oft leichtsinnig. Sie hat alles gemacht, was möglich war. Die Gestapo hat immer nach einer Rosa gesucht, aber sie hat sie nicht gefunden."

Rosa war im Untergrund der Deckname von Katharina Glasner. Wie hat es Rita damals angesichts des Verbots berührt, illegale Schriften zu transportieren? Rita verstand, dass die Gefahr der Aufdeckung geringer war, wenn sie als Kind die Zeitschriften transportieren würde. Die Nazis seien

5) Gespräch des Autors mit Leni Diehl, geborene Willibald, vom 13. Oktober 2014. Zu Leni Willibald vergleiche Seite 47ff.

Abb. 12: Rita auf dem Fahrrad, mit dem sie sechs Jahre lang illegale Kurierfahrten machte (ca. 1940)

bei Kindern nachlässiger gewesen, weil sie weniger verdächtig erschienen. Sie hätten nicht erwartet, dass ein Kind eine illegale Schrift dabei hatte. Angst habe sie dabei „überhaupt nicht“ gehabt, berichtet Rita.

„Ein paar Mal habe ich gemeint, ich werde verfolgt. Dann habe ich mein Rad ins Gras gelegt und mich dazu gesetzt. Und dann habe ich gewartet, bis derjenige vorbei war. – Weißt du, eines ist so: Kinder lernen viel schneller als Erwachsene.“

Wie oft war Rita als Kurierin unterwegs?

„Das hing davon ab, wie oft die Wachttürme geliefert wurden. Das war damals ja nicht regelmäßig. Wenn neue Wachttürme kamen, habe ich sie zu Hofstetters gebracht."

Abb. 13: Lebensbornheim (Straßenseite), Steinhöring, in den 1940er Jahren. Von dieser Perspektive schaute Rita auf die Gebäude.

DER LEBENSBORN IN STEINHÖRING

Damals war das Fahrrad ein wichtiges Fortbewegungsmittel, weil kaum jemand ein Auto besaß. Und so war es auch für Familie Glasner eine Gewohnheit, Ausflüge und Verwandtenbesuche mit dem Fahrrad zu unternehmen. Rita war es gewohnt, auch die fast eineinhalbstündige Radtour von Waldtrudering zu ihren Großeltern nach Wiesham mit dem Fahrrad zurückzulegen. Und Steinhöring, wo andere Verwandte von Rita wohnten, war von Wiesham eine weitere halbe Stunde entfernt.

Die Verwandten lebten dort in der Nähe des Lebensbornheims. „Der 1935 auf Veranlassung Heinrich Himmlers gegründete Verein Lebensborn wirkte unter dem Deckmantel sozialkaritativer Fürsorge für ledige Mütter und uneheliche Kinder an der Umsetzung der nationalsozialistischen Bevölkerungs- und Rassenpolitik mit. In den Heimen des SS-Vereins konnten ‚rassisch und erbbiologisch wertvolle' Frauen ihre Kinder entbinden [...]. Dieser fürsorgliche Ansatz täuschte über den eigentlichen Zweck hinweg, nämlich mit Kindern ‚guten Blutes' zum Aufbau einer ‚rassischen Elite' des Dritten Reiches beizutragen."[6] Rita erinnert sich:

„Heilig soll uns sein jede Mutter guten Blutes"

„Allen war bekannt, dass dort der Lebensborn untergebracht war. Ich wusste auch, dass dort KZ-Häftlinge, darunter auch Zeugen Jehovas zur Zwangsarbeit eingesetzt waren.[7] Kontakte mit Häftlingen waren aber nicht möglich."

„Die Fenster der Schlafräume waren vergittert und die Scheiben matt überstrichen. SS-Posten bewachten das Gebäude und die Häftlinge während der Arbeitseinsätze." [8]

6) Baumann, Angelika und Heusler, Andreas: Kinder für den „Führer" – Der Lebensborn in München, München 2013, Rückdeckel.
7) „Das KL [Konzentrationslager] Dachau unterhielt in Steinhöring, Kreis Ebersberg, ein Nebenlager (Frauenlager), das zuerst am 20.9.44 und zuletzt am 14.4.45 im Katalog des ITS Arolsen erwähnt wird. Das Lager war durchschnittlich mit 20-24 Häftlingsfrauen – vorwiegend Zeugen Jehovas – belegt, die im Hilfskrankenhaus Ebersberg in Steinhöring eingesetzt waren. Die offizielle Bezeichnung für dieses Lager war: `Lebensborn RF-SS-Pers.Stab, Amt`L´´; i. d. T. handelte es sich um ein Entbindungsheim für SS-Angehörige." (Dachau Archiv 18.566). Das Lebensborn-Heim Steinhöring war bereits im Sommer 1936 eingerichtet worden (Baumann/Heusler, Seite 10).
8) Schalm, Sabine: „KZ-Häftlinge für den Lebensborn", in: Baumann, Angelika und Heusler, Andreas: Kinder für den „Führer"– Der Lebensborn in München, München 2013, Seite 132.

Genau so hat auch Rita das Gebäude in Erinnerung. Oft war sie mit ihrem Fahrrad daran vorbeigefahren. Und sie hörte von den Geschichten, die sich die Leute über den Lebensborn erzählten. Persönlich war sie nie in dem Heim. Und so bildete sie sich ihr Urteil aufgrund der Erzählungen.

Überlebende der KZ-Außenkommandos berichteten von schlechten Arbeitsbedingungen und einer brutalen Behandlung der Häftlinge. Die eingesetzten Zeuginnen Jehovas erlebten die Zeit im Lebensborn dennoch als Verbesserung gegenüber den Verhältnissen im Konzentrationslager Ravensbrück, wo sie vorher untergebracht waren. Bis Kriegsende waren noch mehr Zeuginnen Jehovas des KZ-Außenkommandos in Steinhöring. Rita erinnert sich, dass nach Ende des Krieges schließlich noch sechs Zeuginnen Jehovas im Lebensborn übrig geblieben waren. Sie lernte diese jedoch erst nach der Befreiung kennen. Im Gedächtnis hat sie noch die Namen der beiden Mitgläubigen Emmy Sternitzki und Mathilde Stühlmüller.

UNTER VERFOLGUNG UND VERBOT ZUR ZEUGIN JEHOVAS ORDINIERT

Rita Glasner ließ sich im August 1942, im Alter von zwölf Jahren, in der Badewanne der Wohnung von Familie Alois Eibl, Evastraße 21 in München-Denning, als Zeugin Jehovas taufen. Ganz in der Nähe steht heute das Bogenhausener Klinikum. Mit Rita ließen sich zwei Töchter von Hans Vogl aus Denning, der Heimat von Ludwig Glasner taufen. Familie Glasner unterhielt weiter enge Kontakte zu den Denninger Zeugen Jehovas.

Rita wurde von einem Xaver getauft, möglicherweise sein Deckname, meint sie. Seinen vollständigen Namen hat Rita nicht erfahren. Sie wusste nur, dass Xaver in München wohnte, dass er zwei kleine Kinder hatte und erst seit relativ kurzer Zeit ein Zeuge Jehovas war. Wer war Xaver?

Im Urteil des Reichskriegsgerichts gegen den Münchner Zeugen Jehovas Franz Xaver Klotz vom 31. August 1944 werden verschiedene Verbindungen, die Klotz zu anderen Münchner Zeugen Jehovas unterhielt, erwähnt. Unter den genannten Personen, mit denen er religiöse Schriften austauschte, befanden sich laut erwähntem Urteil auch die „Ehefrau Katharina Glasner geb. Maier aus München-Waldtrudering" und Alois Eibl. Details zu diesem „Xaver" stimmen mit Ritas Erinnerungen überein. Heute ist sich Rita sicher: Sie wurde von Franz Xaver Klotz getauft.

FRANZ XAVER KLOTZ, RITAS TÄUFER

Der Zimmermann Franz Xaver Klotz war bei der Bayerischen Holzbaugenossenschaft beschäftigt. Er lebte mit seiner Frau Karoline und zwei kleinen Kindern in München-Milbertshofen. 1940 wurde sein Kontakt zu den Zeugen Jehovas, deren Schriften er schon länger las, enger. Dadurch entwickelte sich bei dem ehemaligen NSDAP-Mitglied (1933–1935) eine negative Haltung zum Krieg. Im September 1943 meldete sich der von der Gestapo verfolgte Zeuge Jehovas Alois Eibl bei Xaver Klotz, der ihn dann eine Woche bei sich versteckt hielt. Danach brachte er ihn bei Mitgläubigen, die einen Bauernhof am Ammersee hatten, in Sicherheit. Im Januar 1944 wurde Xaver Klotz zur Wehrmacht eingezogen. Seine Frau sah ihn noch im Gefängnis in München, dann nie wieder. Kurz danach kündigte der Oberbürgermeister Münchens der Familie die Wohnung. Xaver Klotz versuchte, seine Verurteilung zu verzögern, indem er die Verweigerung des Wehrdienstes mehrmals widerrief, um danach doch den Dienst mit der Waffe abzulehnen. Er wurde am 31. August 1944 vom Reichskriegsgericht wegen Verweigerung des Wehrdienstes zum Tode verurteilt und am 5. Oktober 1944 hingerichtet. Alois Eibl überlebte die NS-Zeit. Karoline Klotz litt ihr Leben lang unter der Hinrichtung ihres Mannes.

Die Ordinierung zur Zeugin Jehovas durch die Taufe[9)] war ein weiterer mutiger Schritt von Rita. Dadurch zeigte sie, wo sie stand, wobei sie sich bewusst war, was das unter dem NS-Verbot bedeuten konnte. Sie hatte miterlebt, wie ihre Eltern wegen der Betätigung als Bibelforscher inhaftiert und drangsaliert worden waren. Und sie hatte beobachtet, wie die Zahl der Zeugen Jehovas, die auf freiem Fuß waren, im Laufe der Jahre immer kleiner geworden war. Dennoch entschied sie sich bewusst für den selben Lebensweg.

9) „Das griechische Wort baptisma bezeichnet den Vorgang des Untertauchens […]. Die christliche Taufe setzte ein Verständnis des Wortes Gottes voraus. Sie erforderte die bewusste Entscheidung, sich darzustellen, um den geoffenbarten Willen Gottes zu tun." „Man muss sich auch immer bewusst sein, dass die Hingabe Jehova Gott gilt, nicht einem Werk, einer Sache, irgendwelchen Menschen oder einer Organisation."
(Wachtturm-Gesellschaft: Einsichten über die Heilige Schrift, Band 2, Selters/Ts. 1992, Seite 1.092 und 1.094; Was lehrt die Bibel wirklich?, Selters/Ts. 2005, Seite 183).

Für München sind weitere Fälle von Taufen von Zeugen Jehovas während der NS-Zeit und während der Kriegszeit dokumentiert. Johann Kölbl, der bis zu seiner Verhaftung 1936 Leiter der Münchner Gemeinde der Zeugen Jehovas war, erwähnt in seinem Lebensbericht vom 1. Februar 1963, dass sich nach seinen unvollständigen Aufzeichnungen während der NS-Zeit in München 74 Personen den Zeugen Jehovas anschlossen.[10)]

EINE NEUE FREUNDSCHAFT MITTEN IM KRIEG

Katharina Glasner unterhielt trotz des Verbots der Zeugen Jehovas ihre Kontakte zu Mitgläubigen aufrecht, obgleich das mit hohen Risiken verbunden war. Die Verbindungen waren ihrer Tochter Rita nur zum Teil bekannt. Katharina achtete darauf, dass Rita nicht zu viel wusste, um niemanden in Gefahr zu bringen. Und je weniger bekannt war, desto geringer war das Risiko, dass unter Druck oder versehentlich Namen weitergegeben wurden. Einer von Katharinas Kontakten bestand zur Familie Willibald aus München. Martin und Magdalena Willibald hatten eine Tochter, Leni, die zwei Jahre älter war als Rita.

Am 3. Dezember 1942 wurden Lenis Eltern wegen ihrer Betätigung als Zeugen Jehovas von der Gestapo festgenommen. Leni war zu diesem Zeitpunkt knapp 15 Jahre alt und

10) Unter den Getauften befanden sich Luise Albrecht (später verheiratete Ebstein, Ehefrau von Alexander Ebstein), die sich 1943 im Alter von 20 Jahren gemeinsam mit ihrer ein Jahr älteren Schwester Wilhelmine in einer Badewanne bei Familie Eibl in Denning taufen ließ. Ihr Täufer war Alois Eibl. Karl Ludwig Wolfrum und Hildegard Meindl (später verheiratete Höcketstaller) ließen sich 1935, ebenfalls im Alter von 20 Jahren taufen. Anna Peller wurde mit 33 Jahren bereits im Jahre 1934 bei einem Kongress in Basel/Schweiz getauft.

war bereits in der Ausbildung. Die Inhaftierung ihrer Eltern war für sie ein Schock, aber sie war in der glücklichen Lage, dass ihre Großmutter in der Nähe wohnte. So konnte Leni oft die Wochenenden bei ihrer Großmutter verbringen, in der sie auch eine Ansprechpartnerin fand.

Abb. 14: Rita Glasner mit Leni Willibald, Wanderung zum Wendelstein, links im Hintergrund die Peterbauern Alm (1942/43)

Abb. 15: Rita Glasner mit Leni Willibald, Wanderung zum Wendelstein (1942/43)

MAGDALENA (LENI) WILLIBALD: GUTE ERFAHRUNGEN IN SCHULE UND ARBEIT – SCHLECHTE MIT DEM GESTAPO-BEAMTEN GERHARD GRIMM

*Leni Diehl, geb. Willibald, *8.12.1927, kann sich noch gut an die NS-Zeit erinnern – an die im Untergrund stattfindenden Zusammenkünfte und an die Kurierdienste verbotener Bibelforscherschriften ihres Vaters, den sie dabei oft begleitete. Leni besuchte die Gabelsberger Schule in München. Als die Schulklasse mit „Heil Hitler" grüßte, blieb sie stumm. Leni hatte eine ältere, gutmütige Lehrerin, die ihr Verhalten tolerierte. Es wurde auch kein Druck auf sie ausgeübt, dem Bund Deutscher Mädel beizutreten.*

Als Lenis Eltern am 3. Dezember 1942 vom Gestapo-Beamten Gerhard Grimm verhaftet wurden, baten sie darum, doch noch etwas zu warten, bis ihre Tochter nach Hause käme, um sich von ihr zu verabschieden. Grimm ging auf die Bitte nicht ein. Leni berichtet: Als ich nach Hause kam, fand ich meine Eltern nicht mehr vor, wohl aber eine heillose Unordnung, alles durchgewühlt und einen Zettel meiner Eltern, auf dem stand:

SIND BEIDE AUF DER GESTAPO
IN DER BRIENNER STRASSE.
WANN WIR KOMMEN, WISSEN WIR NICHT. –
MAMA UND PAPA.

Acht Tage nach der Verhaftung ihrer Eltern begab sie sich zur Gestapo, die sich unweit ihrer Lehrstelle befand, und bat Grimm, ihre Eltern besuchen zu können. Doch er sagte, ihre Eltern seien im Polizeipräsidium an der Ettstraße. Grimm nutzte die Gelegenheit zum Verhör. Er „wollte wissen, wo meine Eltern in der Wohnung die WT-Literatur versteckt hielten. [...] Durch das Verhör war ich sehr aufgebracht und musste weinen – schließlich ließ er mich in Ruhe und verwies mich auf das Polizeipräsidium."

Magdalena Willibald (Lenis Mutter)

Zur Zeit der Verhaftung ihrer Eltern war Leni bereits als Lehrling im Münchner Modellhaus Sophie Öldenberger tätig. 1943 erhielt Leni im Justizgebäude vom Staatsanwalt Dr. Leiss jeden Monat eine Besuchserlaubnis. Ihr Lehrherr gab ihr zu diesem Zweck frei. Auch die Belegschaft des Modell-(Mode-)hauses sei immer sehr freundlich gewesen. Eine Büroangestellte hätte ihr sogar öfters etwas Geld gegeben. Leni: „Eine Volontärin verschaffte mir eine Sondererlaubnis zum Besuch meiner Mutter. Außerdem hat sie mich auch privat eingeladen – erstaunlich, denn ihr Vater war ein Direktor in Stadelheim. [...]"

KZ Ravensbrück

Katharina Glasner erfuhr von Lenis Situation und bot ihre Hilfe an. Leni berichtete, dass sie Katharina Glasner bereits vor der Inhaftierung ihrer Eltern im Laufe des Jahres 1942 über ihre Eltern kennengelernt hatte. Ihr Vater Martin Willibald wurde nach einem Jahr, am 4. Dezember 1943 freigelassen, während Lenis Mutter Magdalena ins Konzentrationslager Ravensbrück überführt wurde.[11)]

11) Siehe Nr. 5 des Anhangs: Presseveröffentlichungen, Fürstenfeldbrucker SZ vom 8. August 2003 über die Verfolgung der Familie Willibald durch das NS-Regime.

Abb. 16: Rita Glasner mit ihrer Mitschülerin Ruth Wilhelm (1939/40)

Abb. 17: Rita Glasner mit Ruth Wilhelm und deren Mutter Lina Wilhelm (1939/40)

So war Leni ein ganzes Jahr auf sich allein gestellt. Katharina Glasner hatte Leni einige Male am Wochenende zu sich geholt, um ihr etwas über die traurige Situation hinwegzuhelfen. Bei diesen Besuchen lernten sich Rita und Leni näher kennen. Wie eng die Verbindung schließlich war, zeigte sich unter anderem daran, dass Rita einen Schlüssel für die Wohnung von Familie Willibald erhielt.[12)]

(Die 87-jährige Leni Diehl [2014], geborene Willibald, lebt mit ihrem Mann in München.)

Auch Rita kann sich gut an Leni erinnern. Leni sei während der Zeit der Inhaftierung ihrer Eltern des Öfteren bei ihnen gewesen. So wurden Rita und Leni Freundinnen, was auch Rita als einziges Kind der Familie Glasner moralischen Auftrieb gab. Gleichzeitig beobachtete Rita die ständige Bereitschaft ihrer Mutter, zu helfen, wo Hilfe benötigt wurde.

Rita über ihre Mutter:

„Immer wenn irgendwo Hilfe benötigt wurde, war meine Mutter da."

Weiterhin bestanden Kontakte zu Lina Wilhelm und deren Töchtern Ruth und Hildegard, die wie Rita in Waldtrudering wohnten. Die Fotos könnten den Gedanken vermitteln, dass es damals ganz normal zuging – doch dieser Eindruck ist

12) Bericht von Leni Diehl, geb. Willibald, vom 22. Januar 1999, Archiv der Zeugen Jehovas, Selters/Ts. Gespräch des Autors mit Heinrich und Leni Diehl vom 22. Oktober 2013 sowie Berichte von Rita Berger.

falsch. Abgesehen von Besuchen bei den Großeltern in Wiesham war es während der gesamten NS-Zeit von zwölf Jahren nur drei oder viermal vorgekommen, dass die Familie Glasner einen Ausflug machte. Ritas Mutter hatte einen Fotoapparat und so hielt sie diese besonderen Ereignisse fest. Und diesen seltenen Anlässen ist es zu verdanken, dass überhaupt Aufnahmen gemacht wurden. Bilder erleichtern es, uns in die damalige Zeit und ihre Menschen hineinzuversetzen. Die Verhältnisse waren in anderen Häusern nicht anders. Auch die gelöste und friedliche Stimmung auf den Bildern täuscht. Die tatsächliche Lage schildert Rita mit den Worten:

*„Seit August 1933 standen wir unter
Beobachtung der Gestapo.
Sobald wir das Haus verließen,
wurden wir beobachtet.
Wir standen ständig unter Spannung."*

RITAS VATER: EINE ENTSCHEIDUNG, DIE SICH ALS FALSCH ERWEISEN SOLLTE

Ludwig Glasner arbeitete seit Ende der 1920er Jahre als Bauführer für das Bauunternehmen Wutz. Er arbeitete dort mit wenigen Unterbrechungen über viele Jahre, weil das Unternehmen ihn immer wieder anforderte. Auch nach Ende der Inhaftierung im August 1937 konnte er seine Arbeit bei der Firma Wutz wieder aufnehmen.

Weil sich Ludwig Glasner Erleichterungen für sich und seine Familie versprach, wechselte er 1940 zum Lastfuhrunternehmen seines Schwagers Benedikt Maier. Doch diese Annahme erwies sich als Trugschluss. Die Firma Maier wurde später einem zivilen Unternehmen namens Todt zugeordnet, das 1940/41 unter der Bezeichnung „Organisation Todt“[13] der Wehrmacht unterstellt wurde. Damit geriet Ludwig Glasner in einen Gewissenskonflikt. Militärische wie ökonomische Unterstützung für den Krieg widersprachen seiner inneren Überzeugung als Zeuge Jehovas.

Das Beispiel Ludwig Glasners und anderer zeigt, dass die Zeugen Jehovas zwar eine gemeinsame, biblisch geprägte Haltung einnahmen, aber nicht einfach vorgegebenen Verhaltenslinien folgten. Sie trafen individuelle Entscheidungen, die von zahlreichen äußeren und persönlichen Faktoren abhingen, besonders aber von der inneren Glaubensstärke. Ludwig Glasner entschied sich unter enormem inneren und äußeren Druck, seine Tätigkeit für ein nahestehendes Bauunternehmen fortzusetzen, als es infolge staatlicher Anordnung zu einem Teil der Wehrmacht wurde. Ihm war nach seinen Erfahrungen mit der Gestapo und seiner Haft bewusst, welchen Risiken er sich ausgesetzt hätte, wenn er sich aus diesem Unternehmen zurückgezogen hätte.

Die Entscheidung lag aber außerhalb des von den Zeugen Jehovas als tolerierbar angesehenen Bereichs. Ihre kompromisslose Haltung mussten einige sogar mit ihrem Leben bezahlen, was den Druck erklärt, unter dem Ludwig Glasner stand. Zum Beispiel waren die Münchnerinnen Franziska

13) Wachsmann, Nikolaus: Gefangen unter Hitler – Justizterror und Strafvollzug im NS-Staat, München 2004, Seite 270 und 273. Ab 1943 stand Albert Speer an der Spitze der Organisation Todt.

Engel und Mathilde Fischl als Zeuginnen Jehovas im Konzentrationslager Ravensbrück inhaftiert. Als sie sich weigerten, Militärsocken zu stopfen, wurden sie erhängt.[14]

Das Unternehmen, für das Ludwig Glasner arbeitete, erhielt schließlich Aufträge, in Russland Brücken zu bauen, was ihn mehrere Jahre von seiner Familie trennte. Dies erwies sich für ihn selbst, für seine Frau und besonders für seine Tochter Rita als große Belastung. Dabei muss offen bleiben, wie sich die Dinge entwickelt hätten, wenn Ludwig Glasner die weitere Tätigkeit für das Bauunternehmen Todt abgelehnt hätte.

Als Ludwig Glasner 1941 für seinen Arbeitgeber nach Russland musste, besuchte Rita die fünfte Schulklasse. Sie erinnert sich an die Verabschiedung von ihrem Vater.

„Mein Vater richtete seine Sachen her, umarmte meine Mama und mich. Und dann ist er gegangen. Diese Erfahrung mussten damals viele machen. Die Verabschiedung ist meinem Vater sehr nahegegangen. Das hat ihn sehr berührt. Er wollte ja nicht weg."

Auch Rita und ihre Mutter waren schmerzlich berührt, wenngleich solche Verabschiedungen in dieser Zeit nichts Ungewöhnliches waren.

14) Detjen, Marion: Zum Staatsfeind ernannt, München 1998, Seite 293.

KAPITEL 3

Plötzlich allein

Als Rita Glasner über einen Tag im Jahre 1943, den sie nicht vergessen kann, berichtet, klingt ihre Stimme bewegter und härter als sonst. Mehr als siebzig Jahre liegt dieser Tag zurück, doch sie erinnert sich, als wäre es gestern gewesen:

„An einem Abend im November kamen zwei Gestapo-Männer mit Ledermantel und Gummistiefeln bekleidet in unsere Wohnung und sagten meiner Mutter: ‚Packen sie Ihre Sachen, sie sind verhaftet!' Meine Mutter kam in die Münchner Strafanstalt Stadelheim."

Das ist die Kurzfassung, denn als die Gestapo-Beamten kamen, war Ritas Mutter noch außer Haus. Die beiden Beamten durchsuchten die Wohnung. Wie Rita später erfuhr, handelte es sich um den Gestapo-Beamten Gerhard Grimm und seinen Begleiter, dessen Namen sie nie erfahren hat. Grimm spielte eine zentrale Rolle bei der Verfolgung der Münchner Zeugen Jehovas. Kurze Zeit später kam Katharina Glasner nach Hause und wurde sofort verhaftet. Ritas fleißige und fürsorgliche Mutter wurde behandelt wie eine Kriminelle, weil sie eine Bibelforscherin war.

Sie kam zunächst in ein Polizeigefängnis, danach in das Strafgefängnis Stadelheim.

In einer Verfügung der Gestapo München vom 1. Dezember 1943 heißt es: „Katharina Glasner wurde am 26.11.1943 um 20 Uhr wegen illegaler Tätigkeit für die IBV und Vorbereitung zum Hochverrat in Polizeihaft genommen und im Arrest des Pol. Präs. München untergebracht.“[1)]

Welch ein Schock für die 13-Jährige, die ein enges Verhältnis zu ihrer Mutter hatte. Sie war die Säule in ihrem Leben, zumal ihr Vater bereits mehr als zwei Jahre im Ausland war. Rita hatte schon viele schwierige Situationen gemeistert. Sie kannte nichts anderes als die Unterdrückung der religiösen Auffassungen ihrer Familie durch das NS-Regime. Im November 1943 war Adolf Hitler schon mehr als zehn Jahre an der Macht und der Zweite Weltkrieg tobte mehr als vier Jahre.

Nach der Verhaftung ihrer Mutter wurde Rita mit ihrem Besuch, ihrer 15-jährigen Freundin Olga Maier, der jüngsten Schwester ihrer Mutter, allein in der Wohnung zurückgelassen. Als Rita am nächsten Morgen aufstand, war auch Olga nicht mehr da. Sie hatte ihren Aufenthalt abrupt abgebrochen, das Haus aus Angst verlassen und war mit der Bahn zurück nach Grafing gefahren.

Olga wohnte im elterlichen Hof in dem kleinen Wiesham[2)] in der Nähe von Grafing bei München. Sie konnte die Vorgänge nicht verstehen, die sie zufällig miterleben musste, denn sie war keine Bibelforscherin.

1) Bundesarchiv ZC 9472, (gesperrte Schrift im Original).
2) In Wiesham, einem Ort zwischen Grafing und Ebersberg, hatten Ritas Großeltern mütterlicherseits einen Bauernhof.

Abb. 18: Olga Maier (heute Kögl) und Rita (rechts), 1942 in Wiesham

Abb. 19: Olga Maier (heute Kögl, 1942)

Abb. 20: Olga Maier (heute Kögl) und Rita (links), 1942 in Wiesham

„Es war für mich so ein Schreck, dass Olga auch weg war. So war ich allein, ganz allein. Ich war allein bis Februar 1944."

Was mag im Kopf einer 13-Jährigen vorgehen, die plötzlich allein in der Wohnung zurückgelassen wird, und das mitten im Krieg? Rita hatte Angst und sie quälte die Ungewissheit, was aus der Mutter wird und wie es dem Vater geht. Aber sie hatte auch eine feste religiöse Überzeugung, die ihr die moralische Kraft gab, mit der Situation umzugehen. Und immerhin wurde ihr erlaubt, ihre Mutter im Polizeigefängnis zu besuchen. Ein Besuch Ende November 1943 ist dokumentiert.[3)]

Ritas Vater schrieb zwar Briefe aus dem Ausland, diese erreichten jedoch nur anfänglich ihr Ziel. Wegen der Kriegswirren kamen die Briefe dann nicht mehr zuverlässig in München an. Rita vermisste zunehmend ihren Vater, den sie als Ruhepol der Familie erlebte, im Gegensatz zur temperamentvollen Mutter.

Es gab auch Briefwechsel mit der Mutter.[4)]

„Meine Mutter durfte einmal im Monat schreiben, in jedem Gefängnis. Sie machte davon auch Gebrauch. Und ich schrieb immer zurück. Wir haben immer auf Post gewartet."

3) Bundesarchiv ZC 9472.
4) Rita liegen die Briefe nicht mehr vor.

OHRENZEUGIN DER FOLTERUNGEN IHRER MUTTER

Die inzwischen 13-jährige Rita blieb drei Monate ganz allein zu Hause an der Wasserburger Landstraße 266 im Münchner Ortsteil Waldtrudering. In ihrem Hause befand sich eine Gastwirtschaft, die damals den Namen „Waldesruh“ trug. Katharina Glasner und ihrer Tochter war bekannt, dass Gestapo-Beamte regelmäßig in dem Lokal einkehrten und sie beobachteten. Diese Situation bestand bereits seit Jahren.

Abb. 21: Wasserburger Landstraße 266 (heute Nr. 272), wo Familie Glasner im ersten Stock wohnte. Wo sich früher die „Waldesruh“ befand, können Gäste heute in „Lehners Wirtshaus“ einkehren. (2014)

Rita musste noch mehr ertragen als die Einsamkeit und die Sorge um ihre Mutter. Solange die Mutter im Gefängnis vernommen wurde, holte die Gestapo Rita mehrmals frühmorgens zum Verhör in das Wittelsbacher Palais in München, wo sich die Gestapo-Zentrale befand. Die Gestapo wollte Katharina Glasner dadurch einschüchtern.

„Während dieser Zeit wurde ich immer wieder in der Früh um sieben Uhr von der Gestapo zu Vernehmungen geholt. Eine Vernehmung ist mir noch ganz stark in Erinnerung, als meine Mutter im Nebenzimmer war und furchtbar geschlagen wurde. Es war furchtbar für mich. Ja und dann wurde ich entlassen und war wieder allein zu Hause."

Das Wittelsbacher Palais in der Brienner Straße war der Hauptsitz der „Geheimen Staatspolizei" (Gestapo) in Bayern und wegen seiner Folterkeller berüchtigt. Das Gebäude wurde 1944 zerstört. Heute befindet sich hier ein Neubau. Seit 1984 erinnert eine Gedenktafel an das historische Gebäude.

Abb. 22: Gedenktafel an dem Ort, wo einst das Wittelsbacher Palais stand (heutiger Sitz der Bayerischen Landesbank)
Abb. 23: Gestapozentrale (1933)

Glasner Katharina
Mü.- Waldtrudering
Waldesruh
Wasserburgerlandstr. 256

München, den 20.6.47

Eidesstattliche Erklärung.

Nach eingehender Belehrung, daß die Abgabe einer falschen eidesstattlichen Erklärung strafbar ist, versichere ich zwecks Vorlage in der Spruchkammer folgendes an Eidesstatt:

Ich bin am 4.8.07 in Schrödlreith geboren, ich bin politisch unbelastet lt. weißer Karte vom 12.3.47 .

Im Jahre 43 im Herbst wurde bei mir in meiner Wohnung Hausdurchsuchung durch die Gestapo gehalten. Während dieser Hausdurchsuchung war ich selbst abwesend und nur meine Kleine, seinerzeitig 13 jährg. Tochter in der Wohnung anwesend. Ich selbst kam nach Hause, wo mich ein gewisser G r i m m (dessen Name ich später in der Gestapo erfuhr) zur Rede stellte und mich für verhaftet erklärte, auf Grund dessen, daß ich Bibelforscherin sei. Ich wurde darauf hin in einen Personenwagen gebracht und in das Polizeigefängnis in der Ettstr. überführt.

Am übernächsten Tage kam ich zwecks Verhör in die Gestapo (Wittelsbacher Palais). Ich wurde in das Zimmer Grimms verbracht, wo jedoch derselbe noch nicht anwesend war. Ein in diesem Raume anwesendes Frl. befahl mir sogleich auf einen von ihr bezeichneten Stuhle der neben einen vollauf zur Glut geheitzten Ofen stand und ich mich darauf niedersetzen müsse. (Das Zimmer war sehr klein und hatte nur eine Eingangstüre sowie ein Fenster.) Ich kann mich des Eindrucks nicht erwehren, daß es sich hier absichtlich um eine schikanöse Maßnahme handelte, um mich durch diese Hitzeausstrahlungen, die sehr groß waren, für ein Geständnis im Verhör reif zu machen. Nach ungefähr einer Stunde kam Grimm zur Türe herein, wurde m einer ansichtig, stürzte mit wenigen Schritten auf mich zu und schlug mich unter leichtem Erheben der rechten Hand vom Stuhle herunter. Als ich mich sofort erhob, bemerkte ich, daß Grimm seinen schweren Silberring, den er an der rechten Hand trug, sofort) so verdrehte, daß der Ringkopf sich in der Richtung der Handfläche nach Innen befand. Dies war Absicht, wie ich gleich darauf feststellen konnte, denn Grimm schlug nun mit den offenen Handflächen auf mein Gesicht ein, wobei dieser Ring wie ein Schlagring wirkte und die Haut im Gesicht somit aufbrach. Auf diese Einleitung hin fing nun Grimm erst mit seinem Verhör an und legte mir unter anderem zur Last, daß ich einen Deserteur beherberge. Ich entgegnete ihm der Wahrheit gemäß verneinend und Grimm schlug wiederum blindlings auf mich ein, wo er mich traf, jedoch erwischte er mich hauptsächlichst am Kopf und im Gesicht. Auch drohte er mir, wenn ich

Staatsarchiv München
SpK A K 559 Grimm, Gerhard

Ich wurde nach Beendigung dieser Verhöre in das Gerichtsgefängnis Stadelheim eingeliefert und nach mehreren Haftanstalten-Wechseln dem Volksgerichtshof in Berlin übergeben. Dieses Gericht verurteilte mich wegen "Vorbereitung zum Hochverrat" zum Tode, begnadigte mich aber doch dann auf 7Jahre Zuchthaus.

gez.

Glasner Käthe

Abb. 24: Eidesstattliche Erklärung von Katharina Glasner vom 20. Juni 1947

Nach dem Krieg wurde Katharina Glasner wie viele andere aufgefordert, über die Verhöre und Misshandlungen durch Gerhard Grimm zu berichten. Sie gab eine zweiseitige eidesstattliche Erklärung ab. Rita beschreibt den Gestapo-Beamten Grimm, der ihre Mutter vernahm und misshandelte, als groß, schlank und blass, was seine furchterregende Ausstrahlung verstärkte. Grimm war für seine grausamen Vernehmungen bekannt. Und es war auch kein Einzelfall, dass er das Kind einer Angeklagten mit zur Vernehmung nahm, um den Druck zu erhöhen. Sein Ziel war, Geständnisse und vertrauliche Informationen mit allen Mitteln zu erpressen.

Die Münchnerin Magdalena Römer (geb. Böck, 1888 – 1969), ebenso ein Opfer von Grimms Vernehmungstaktik, berichtete 1945 von so einer Vorgehensweise: „Bei dieser Verhaftung am 29.10.41 nahmen die beiden Gestapo-Beamten Beer und Grimm auch meine 15-jährige Tochter Else Römer mit. Bei den Vernehmungen drohten sie mir, sie ließen mein Kind verschmachten und verkommen im Gefängnis, wenn ich die Organisation nicht aufdecke und die [Glaubens-] Geschwister, mit welchen ich zusammen arbeite, angebe.“[5)]Katharina Glasner hatte während der Verfolgungszeit Kontakt zu Magdalena Römer. Die beiden trafen sich auch mindestens einmal kurz nach dem Krieg.

Magdalena Böck hatte in Paris Musik und Sprachen studiert. Nach dem Ersten Weltkrieg heiratete sie den Fabrikdirektor Georg Römer. 1930 schloss sie sich in München den Zeugen Jehovas an. Am 18. März 1942 wurde sie wegen ihrer Aktivitäten als Zeugin Jehovas zu einer Gefängnisstrafe von einem Jahr und drei Monaten verurteilt. Ihr einflussreicher Mann

5) Erklärung von Magdalena Römer vom 2. November 1945, Archiv der Zeugen Jehovas, Selters/Ts.

konnte für sie unter Hinweis auf ihren Gesundheitszustand mehrmals Haftunterbrechungen erreichen, die Magdalena Römer jedoch zu verstärktem Einsatz für die Zeugen Jehovas nutzte. In einem Schreiben an den Staatsanwalt München bemerkte die Gestapo: „Ich habe nun festgestellt, dass Römer die Zeit ihrer Strafunterbrechung erneut zur Verbreitung von illegal hergestellten Flugschriften der IBV [Internationale Bibelforscher-Vereinigung] verwendet hat."

Am 25. Mai 1945 kam Magdalena Römer frei. Sie war insgesamt mehr als zweieinhalb Jahre inhaftiert. Magdalena Römer starb 1969 in München.

In Verbindung mit den Vernehmungen des Jahres 1943 berichtete Magdalena Römer auch von Misshandlungen durch Grimm: „Bei meinen Vernehmungen im Juli 1943 schlug mich Grimm und zog mich bei den Haaren, weil ich leugnete [Glaubens-]Geschwister zu kennen und nicht sagte, wo die [Abzieh-]Maschinen [zur Vervielfältigung von Schriften] seien. Im Dezember '43 und Januar und Februar '44 verordnete Grimm für mich Einzelhaft mit strengeren Maßnahmen [...]. Er misshandelte mich mit einer besonders großen Hundepeitsche. In dieser Zeit sah ich [Glaubens-] Schwester Luise Graf, welche von Grimm so misshandelt und geschlagen wurde, daß ihr linkes Auge eine faustgroße Geschwulst, blau und schwarz hatte [...]. Grimm und ein Gestapo-Beamter [aus] Dresden schlugen die [Glaubens-]Schwester abwechselnd, daß ihr Körper selbst zum Entsetzen der Beamtinnen v. Präsidium, blau und schwarz war. Schwester Graf wurde hingerichtet."[6)]

Gestapo Dienstmarke

6) Ebd.

Wie fühlten sich die 15-jährige Else und die 13-jährige Rita, als sie erleben mussten, wie die eigenen Mütter gefoltert wurden? Wie fühlte sich Rita, als sie anschließend allein nach Hause fahren musste? Wie konnte sie diese dramatischen und traumatischen Erlebnisse verarbeiten, ganz allein in der Wohnung und völlig auf sich gestellt?

Katharina Glasner war immer sehr vorsichtig gewesen, was sie ihrer Tochter mitteilte. Sie hatte ihr Kind vorbereitet, nichts zu sagen.

„Lass dich nie auf ein Gespräch [mit der Gestapo] ein. Und das habe ich gemacht. Ich habe immer gesagt, ich weiß nichts. Dadurch konnte ich mich auch nie versprechen oder irgendwie in etwas hineingezogen werden."

Ritas Verhöre dauerten jeweils etwa zwei Stunden. Im Gegensatz zur Mutter wurde Rita von den Gestapo-Beamten weniger direkt unter Druck gesetzt. Dennoch nahmen die Verhöre Rita derart mit, dass sie es an den jeweiligen Tagen nicht mehr schaffte, in die Schule zu gehen. „Ich habe dann immer gesagt, was los war. Die haben daraufhin seltsamerweise gar nichts gesagt."

Auch Leni Willibald berichtete über ein Verhör mit Gerhard Grimm, als ihre Eltern als Zeugen Jehovas inhaftiert waren: „Durch das Verhör [des Grimm] war ich sehr aufgebracht und musste weinen."[7] Leni Willibald war zu diesem Zeitpunkt 15 Jahre alt.[8]

7) Bericht Leni Diehl vom 22. Januar 1999, Archiv der Zeugen Jehovas, Selters/Ts.
8) Vgl. Kapitel 2, Seite 48f, Abb. 14 und 15: Fotos Rita Glasner und Leni Willibald (1942/43).

Allein war Rita drei Monate, doch einsam war sie eineinhalb Jahre, weil sie so lange von ihrer Mutter getrennt war. Die Trennung von ihrem Vater dauerte noch länger an. In dieser langen Zeit lebte sie in der ständigen Angst, was mit ihrer Mutter geschehen würde und in der Ungewissheit, wie es ihrem Vater erging. Hinzu kamen die eigenen Probleme und Sorgen. Was würde aus ihr werden? Würde die Gestapo sie in ein NS-Erziehungsheim stecken?

Auf die Frage, ob sie denn damals die Einstellung ihrer Mutter als Bibelforscherin verstand und teilte, antwortete Rita voller Überzeugung: „Ja, selbstverständlich."

VON KRÄUTERN UND LÖWENZAHN ERNÄHRT

Rita war 13 Jahre alt – und plötzlich allein. Was sollte sie machen? Das gesamte Umfeld war vom Kriegs- und Nazi-Geist getränkt. Rita erinnert sich, dass sie manchmal nachts das Haus verließ und auf die Straße ging, weil sie es nicht mehr allein in der Wohnung aushielt.

„Ich konnte die Enge nicht mehr ertragen, das Alleinsein. Wenn Fliegeralarm war, blieb ich im Bett. Aber dann kamen Leute, die mich aufforderten, mit in den Luftschutzkeller zu kommen."

Rita musste allein für sich sorgen. Sie erhielt nur noch eine Lebensmittelkarte im Monat, da die Lebensmittelkarte für ihre Mutter wegen deren Inhaftierung gestrichen worden war. Auf einer Lebensmittelkarte war aufgelistet, was jedem Bürger für einen Monat zustand. Und immer, wenn etwas gekauft wurde, wurde die entsprechende Position auf der Karte herausgeschnitten. Die Lebensmittelkarten wurden in einem Geschäft ausgegeben. Aus Sorge um ihre Mutter verwendete Rita ihre Lebensmittelkarten für ihre inhaftierte Mutter. Rita wollte sich auf andere Weise Nahrung beschaffen. Sie beschloss, allein durch zu kommen. Von ihrer Großmutter hatte sie viel über Kräuter gelernt. Rita erzählt:

„Was es für die Lebensmittelkarten gab, habe ich alles nach Stadelheim gebracht. Und ich bin buchstäblich in Haar [bei München] unten an der Grenze auf die Wiese gegangen und hab´ mir Löwenzahn geholt, denn ich hatte nichts mehr zum Essen. Von den Lebensmittelkarten, die ich nach Stadelheim brachte, bekam meine Mutter nur die Hälfte, die andere Hälfte war weg."

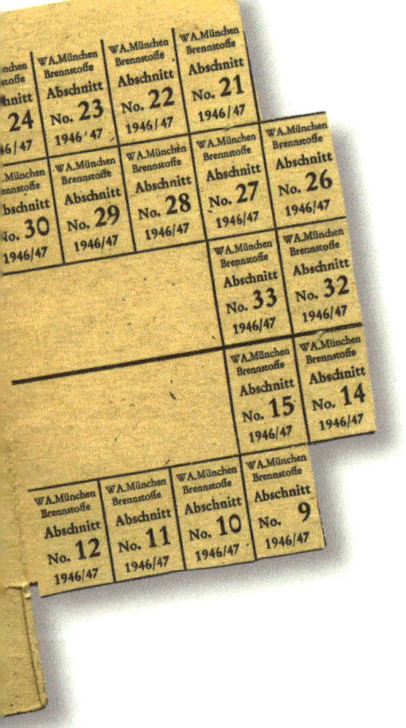

Wirtschaftsamt 2/679
der Landeshauptstadt München

№ 098417

Brennstoffbezugsnachweis
für das Kalenderjahr 1946/47 Kl. II
Haushaltungen (3—5 Personen)

Wasserburgerland No. 266
Straße
Glasner
Name
Beruf

Stempel des Kohlenhändlers

Abb. 25: Eine Versorgungskarte, die Familie Glasner 1946/47 erhielt (hier: Brennstoffbezug). Diese Karten wurden, insbesondere für Lebensmittel, während und nach dem Krieg, als sich die Versorgungslage weiter verschärfte, an die Bewohner ausgegeben.

Von den Lebensmitteln, die Rita ins Gefängnis brachte, erreichte also nur die Hälfte ihre Mutter, die andere Hälfte blieb beim Gefängnispersonal.

Es war noch Herbst, vor dem Wintereinbruch, als Rita Kräuter sammelte. In der ersten Zeit des Alleinseins aß sie oft Löwenzahn und sie erinnert sich noch heute an den bitteren Geschmack. Außerdem fand Rita im Kellerabteil ihrer Wohnung Krautköpfe und ernährte sich daher eine Zeit lang auch von Weißkraut.

In dieser für Rita sehr kritischen Zeit musste sie gleichzeitig weiter die Schule am Herkomer Platz besuchen, wo sie jeden Tag schikaniert wurde.

BESUCHE BEI DER MUTTER IM GEFÄNGNIS STADELHEIM UND WEILHEIM

Rita hatte den starken Wunsch, ihre Mutter in der Strafvollzugsanstalt Stadelheim zu besuchen, was ihr auch dreimal gelang. Dafür musste sie aufwendige Gesuche anstellen, die jeweils über den Gestapo-Beamten Gerhard Grimm weitergeleitet wurden. Rita erinnert sich an das erste Wiedersehen mit ihrer Mutter:

„Nach mehreren Wochen konnte ich meine Mutter das erste Mal besuchen. Das Abschiednehmen war furchtbar. Als ich draußen war, habe ich sehr geweint und bin dann zusammengebrochen."

Etwa im März/April 1944 wurde Ritas Mutter von Stadelheim in das Gefängnis Weilheim, 50 Kilometer südwestlich von München, verlegt. Dort konnte Rita sie ebenfalls wenige Male besuchen.

„Bei einer Gelegenheit drückte mir meine Mama einen kleinen Zettel in die Hand, auf dem stand: 'Ich fahre mit der Bahn nach Peißenberg. Bitte versuche, mich dort zu besuchen.' Mehr stand nicht auf dem Zettel."

Ritas Mutter sollte bald als Strafgefangene jeden Tag mit der Bahn von Weilheim nach Peißenberg fahren, um dort mit anderen Inhaftierten zu arbeiten. Die Häftlinge mussten dort nähen.

In dieser Zeit fuhren nur wenige Züge. Rita nahm den Frühzug nach Weilheim.

„Ich habe am Bahnhof gewartet, bis meine Mama in den Zug nach Peißenberg einstieg. Sie hat mich gesehen, ich sie auch. Dann bin ich langsam nachgekommen. Als ich im Zug auf meine Mutter zuging, wurde ich sogleich angesprochen: Das sind Gefangene, mit denen darf man nicht reden."

Rita nutzte insgesamt etwa fünfmal die Gelegenheit und stieg in denselben Zug, um ihre Mutter zu sehen. Vor ihrem zweiten Besuch überlegte Rita, was sie für ihre Mutter und die anderen Häftlinge tun könne:

Abb. 26: Weilheimer Bahnhof (1921)

> *„Ich habe dann 15 Säckchen aus Leinen genäht und hab´ dann für die 15 [in Weilheim inhaftierten Zeuginnen Jehovas] darin Brote getan, die ich für meine Lebensmittelkarten erhalten hatte – oder was ich halt für die Marken bekam. Meine Mutter wurde von Weilheim durch eine Unterführung nach Peißenberg zum Arbeiten geschickt. Und da konnte ich jeder von den 15 – unten war es dunkel – ein Säckchen geben.“*

In Weilheim führte eine unbeleuchtete Unterführung zu den Gleisen des Bahnhofes. Die inhaftierten 15 Zeuginnen Jehovas fuhren jeden Tag unter Aufsicht mit der Bahn von Weilheim zur Zwangsarbeit nach Peißenberg. Um keine

Probleme mit dem Gefängnisaufseher, der die Inhaftierten begleitete, zu bekommen, gab Rita ihm Zigaretten, eine Art Ersatzwährung in dieser auch wirtschaftlich äußerst angespannten Zeit.[9] Unterstützung bei der Zigarettenbeschaffung fand Rita bei Alice Hofstetter, einer Zeugin Jehovas aus Denning, die zu diesem Zweck Zigarettenmarken besorgte. Die Zigarettenmarken waren Teil der Lebensmittelkarten, die jeder erhielt.

Einmal fiel der Zug aus und Rita musste den Weg nach Peißenberg zu Fuß zurücklegen.

„Es war Frühjahr; die Blumen blühten. Und ich sagte mir: Es wäre so schön, wenn Mama nicht eingesperrt wäre."

Ritas Mutter hatte ihr bereits gesagt, wo sie in Peißenberg arbeiten würde, es handelte sich um den Nebenraum eines Lokals. Deshalb konnte Rita sie dort aufsuchen. Sie erzählte dem Gefängniswärter von ihrer Situation und erwähnte, dass ihre Mutter bald nach Berlin müsste und dort zum Tode verurteilt werden würde. Daraufhin ließ der Wärter sie kurz zu ihrer Mutter. Zurück fuhr Rita wieder mit dem Zug über Weilheim nach München.

„Ich habe die ganze Rückfahrt geweint."

Zu der Zeit als Ritas Mutter im Gefängnis Weilheim war, arbeitete Rita im Haushalt bei Familie Reichardt.[10] Rita versuchte, ihre Mutter so oft wie möglich zu sehen.

9) Zur Frage der Vertretbarkeit aus religiöser Sicht, Zigaretten als Währung zu verwenden, siehe Anhang, Anmerkung 2.
10) Zu Familie Reichardt siehe auch Seite 81.

„Jeden Tag habe ich mir überlegt, was ich machen kann, um meine Mama zu sehen. Die Reichardts ließen mir viel Freiheit. Doch oft bin ich gefahren und musste wieder zurückfahren, ohne sie gesehen zu haben, weil sie an diesem Tag nicht arbeiten musste, sondern den ganzen Tag im Gefängnis war."

Insgesamt gelang es Rita, ihre Mutter etwa zehn Mal zu sehen, im Gefängnis oder im Zug.

WAS TUN, UM EIN NS-ERZIEHUNGSHEIM ZU VERMEIDEN?

Der für Katharina Glasner verantwortliche Gestapo-Beamte Gerhard Grimm erklärte Rita, er müsse sie in eine Erziehungsanstalt bringen. Um das zu verhindern, könne sie sich um eine Vormundschaft bemühen.

„Grimm sagte mir: Schau, dass du eine Vormundin erhältst, dann kommst du nicht in ein Heim."

Rita war dem Kriminalassistenten Gerhard Grimm insgesamt etwa fünf Mal in Verbindung mit Verhören begegnet und zu diesem Zweck von ihm abgeholt worden. Grimm war ein im Sinne des NS-Regimes sehr williger Gestapo-Beamter, der fleißig Beweismaterial gegen viele Münchner Zeugen Jehovas sammelte und an deren Verhaftung und Misshandlung beteiligt war. Noch Ende 1943 trat er auch als Zeuge gegen Bibelforscher auf. In einer 20-seitigen Anklageschrift des Strafsenats des Oberlandesgerichts München vom 30. November 1943 gegen 13 Zeugen Jehovas wurde diesen vorgeworfen, sich zu unterschiedlichen Zeiten, meist im kleinen Kreis von drei bis fünf Personen zum Bibellesen getroffen zu haben und Schriften der Internationalen Bibelforscher-Vereinigung (IBV) besessen zu haben. Die meisten von diesen befanden sich für diese „Vergehen" bereits 10 bis 11 Monate in Untersuchungshaft und das nicht zum ersten Mal. Am Ende der Anklageschrift wird „Kriminalassistent Grimm von der Geheimen Staatspolizei, Staatspolizeistelle München", als Zeuge genannt.[11)]

Was bewegte den Gestapo-Beamten, Rita eine Vormundschaft zu empfehlen?

„Grimm sagte zu mir: 'Du bist blond, du hast blaue Augen. Du wirst einmal einen SS'ler[12)] heiraten.'"

Grimm sah in dem Mädchen Rita also eine „Arierin".[13)] Sein Rat war keine soziale Tat, sondern NS-konform. Die Zeugen Jehovas wurden nicht rassenideologisch als Gemeinschaftsfremde abklassifiziert. Sie waren nach NS-Verständnis „besserungswürdig" und insbesondere Minderjährige galten als „umerziehbar". Selbstverständlich setzte Rita alles daran, der Einweisung in ein nationalsozialistisches Erziehungsheim zu entgehen, nicht zuletzt aus dem nachfolgend von Rita erwähnten Grund:

11) BayHStA LEA 25286.
12) SS: Schutzstaffel, zunächst als Parteipolizei der NSDAP, ab 1934 auch zuständig für die Konzentrationslager. Mit der schrittweisen Übernahme der Polizeigewalt wurde die SS schließlich zum wichtigsten Machtinstrument Hitlers.
13) Arierin/Arier: Aus dem Altindischen arya „der Edle". Im Nationalsozialismus in willkürlicher und falscher Einengung „Nichtjude".

„Ich wollte unter gar keinen Umständen in eine Anstalt. Meine Mutter brauchte ja jemanden, der sie besucht und der ihr Essen bringt."

Doch wer würde ihre Vormundschaft übernehmen? In der Verwandtschaft konnte sie nicht auf Hilfe hoffen, sie waren keine Zeugen Jehovas und fürchteten mögliche Konsequenzen. Ritas Großmutter hatte als Nationalsozialistin wenig Verständnis für die neue Religion der Familie ihrer Tochter Katharina. Eine Schwester von Katharina Glasner begründete ihre ablehnende Haltung mit den Worten: „Nein, die Tochter einer Zuchthäuslerin hat bei uns nichts verloren." Auch die Eltern von Ludwig Glasner waren in dem Bewusstsein des Verbots der Zeugen Jehovas nicht für eine Vormundschaft zu gewinnen.

„Meine ganze Verwandtschaft hatte mich verachtet. Ich war die Tochter einer Zuchthäuslerin. Und im Hause und in der Straße war es genauso. Sie sind mir alle aus dem Weg gegangen. Selbst meine Großmutter war nicht bereit, die Vormundschaft zu übernehmen. Sie war den Nazis wohl gesonnen und war Bauernführerin."

Im Hause, in dem die Glasners wohnten, gab es fünf Parteien. Auch von diesen war niemand bereit, Rita aufzunehmen. Als Angehörige der verbotenen Internationalen Bibelforscher-Vereinigung war es für Rita fast unmöglich, irgendwo unterzukommen. Außerdem waren 1943/44, mitten im Krieg, viele Zeugen Jehovas in Gefängnissen und Konzentrationslagern inhaftiert. Diejenigen, die noch (oder wieder) frei waren, agierten sehr vorsichtig oder hatten sich zurückgezogen.

Familie Glasner hatte schon vor dem Krieg einen engen Kontakt zur Familie Hofstetter aus Denning geführt. Konnte vielleicht Alice Hofstetter, die Rita schon früher unterstützt hatte und der Rita sehr nahestand, sie aufnehmen? Alice Hofstetter hatte inzwischen elf schwere Jahre Verfolgung erlitten. Ihr Mann war fast ein Jahr in Stadelheim inhaftiert gewesen und der Stiefsohn, kein Zeuge Jehovas, war an der Front gefallen. Rita erzählte, Alice Hofstetter sei infolge dieser Belastungen alt geworden. Die 56-Jährige war nicht mehr in der Verfassung, sich um Rita zu kümmern und die damit verbundenen zusätzlichen Risiken in dieser Zeit zu tragen.

Rita hatte von Alice Hofstetter von der Münchner Familie Albrecht gehört, die Zeugen Jehovas waren. Deshalb fragte Rita, ob ihr vielleicht die Albrechts helfen könnten. Doch Alice Hofstetter verneinte dies. Alfred Albrecht war inhaftiert und seine Frau hatte bereits die Sorgen und Belastungen für ihre drei Kinder zu tragen. Nach dem Krieg lernte Rita die Familie Albrecht kennen.[14)]

„Ich habe gesucht und gesucht,
aber niemanden gefunden, der meine
Vormundschaft übernehmen könnte.
Ich war also buchstäblich allein,
mit 13 Jahren."

---

14) Siehe auch Seite 47, Fußnote 10.

UNTERGEBRACHT IM HAUSE DES WIDERSTANDSKÄMPFERS KIMBERGER

Ruth Wilhelm, Tochter der Glaubensangehörigen Lina Wilhelm, gab Rita dann den Rat, Franziska Ziss, geborene Kimberger, zu fragen, ob sie die Vormundschaft für sie übernehmen könne. Der Schneider Engelbert Kimberger, der ledige Bruder von Franziska Ziss, der im Hause der Familie seiner Schwester lebte, hatte eine Zeit lang mit Lina Wilhelm ausführliche Gespräche über die Bibel geführt. Er hatte großes Interesse am Inhalt der Bibel und er stand bei den Familien Wilhelm und Glasner in sehr gutem Ruf. Daher kannte auch Ruth die Familie Ziss, die in unmittelbarer Nachbarschaft der Familie Wilhelm wohnte.

Lina Wilhelm, die Mutter von Hildegard und Ruth, war verwitwet. Familie Wilhelm wohnte in der Nähe der Familie Glasner. Lina Wilhelm gehörte neben Katharina Glasner zu der Gruppe von Zeugen Jehovas, die am 29. August 1944 vom Volksgerichtshof Berlin verurteilt wurde.

Ruth Wilhelm war eine Mitschülerin von Rita. Sie schloss sich nicht den Zeugen Jehovas an. Nach dem Krieg wanderte sie nach Australien aus. Hildegard Wilhelm dagegen wurde eine Zeugin Jehovas. Sie heiratete den Sohn von Sofie Fuchsbichler, die während der NS-Zeit für mehrere Monate als Zeugin Jehovas im Gefängnis und im Konzentrationslager Moringen war. Sylvia Sohr, geborene Fuchsbichler, die Tochter von Hildegard Fuchsbichler, lebt heute mit ihrer Familie in Taufkirchen bei München.

Abb. 27: Franziska Ziss (vor 1939)

Familie Ziss lebte ebenfalls in Waldtrudering und es gab kein Konfliktpotenzial wegen der ablehnenden Haltung der Zeugen Jehovas zum Nationalsozialismus. Die Familie war kommunistisch gesinnt und lehnte daher den Nationalsozialismus ebenfalls ab, wenn auch aus anderen Motiven als Rita.

So bat Rita Frau Ziss, die Vormundschaft zu übernehmen, und diese erklärte sich einverstanden. Rita zog in die Wohnung von Familie Ziss und zahlte dafür ein kleines monatliches Entgelt. Ihre Mutter hatte ein Konto bei einer Bank in Waldtrudering, auf das Rita zugreifen konnte. Katharina

Glasner hatte das vorher mit der Bank geregelt und Rita das Konto-Passwort gegeben. Wegen der staatlichen Einschränkungen war der Erwerb von Lebensmitteln allerdings nur durch Lebensmittelkarten möglich.

Nach dem Krieg erklärte Franziska Ziss, warum sie mit der Vormundschaft für Rita einverstanden war, sie schrieb: „In diesem Jahr übernahm ich die Vormundschaft für die Tochter von Frau Glasner, um dieselbe vor der Verschickung in ein [NS-]Erziehungslager zu schützen.“[15] Franziska Ziss und ihr Mann hatten zwei Söhne, Franz und Hermann. Rita lebte bis Kriegsende bei bei der Familie, also etwa eineinviertel Jahre. Engelbert Kimberger, genannt Bert, war zu dieser Zeit wie Ritas Mutter in Stadelheim inhaftiert – als kommunistischer Widerstandskämpfer.

Engelbert Kimberger, geboren am 24. November 1906 in Simbach am Inn, war von 1934 bis 1939 im Konzentrationslager Dachau. Er gehörte zur Hartwimmer-Olschewski-Gruppe, der bedeutendsten kommunistischen Widerstandsgruppe in München. Die Gruppe flog 1942 auf. Bis März 1942 wurden 43 Personen festgenommen, darunter auch Bert Kimberger, der mit Urteil des Volksgerichtshofs (VGH) vom 19. April 1944 zum Tode verurteilt wurde. Das Urteil wurde am 28. Juni 1944 in München-Stadelheim vollstreckt.[16]

15) Eidesstattliche Erklärung von Franziska Ziss vom 6. Dezember 1951.

16) Wilhelm Olschewski jun. wurde am 20. April 1944 zum Tode verurteilt. Das Urteil wurde am 28. Juni 1944 in München Stadelheim vollstreckt. Auch Hans Hartwimmer, Hans Gustav Straub, Johann Reisinger, Otto Binder und Karl Huber wurden im April 1944 vom VGH zum Tode verurteilt und in Stadelheim hingerichtet. Quellen: Mühldorfer, Friedbert, VVN: E-Mail vom 13. Juli 2013. Macek, Ilse: Schwabing und Schwabinger Schicksale, München 2008, Seite 389f. DKP München: Die wiedergefundene Liste, München 1998, Seiten 62-67. Hinrichtungsbuch Stadelheim 1943 bis 1945 Nr. 992 bzgl. Wilhelm Olschewski jun.

RITAS BEGEGNUNG MIT BERT KIMBERGER VOR GERICHT

Abb. 28: Bert Kimberger (undatiertes Gestapo-Foto)

Zur Verhandlung von Bert Kimberger vor dem Volksgerichtshof, die in München stattfand, begleitete Rita ihre Pflegemutter Franziska Ziss.

Vor der Verhandlung kam es zu einer kurzen Begegnung zwischen Bert Kimberger und seiner Schwester. Er fragte: „Wer ist denn das?" Franziska Ziss erklärte kurz, dass Rita bei ihr wohnte und warum. Geisteswach reagierte Bert Kimberger mit den Worten: „Pass gut auf sie auf." Rita erinnert sich, wie Bert Kimberger am ganzen Kopf kahlrasiert im Gerichtssaal erschien. Engelbert Kimberger wurde wie einige weitere Mitglieder der kommunistischen Widerstandsgruppe Münchens vom Volksgerichtshof zum Tode verurteilt und in Stadelheim hingerichtet. Rita erlebte in der Familie Ziss aufs neue die Grausamkeit, mit der das Hitler-Regime seine Gegner behandelte. Es ist nicht schwer, sich die gedrückte Stimmung vorzustellen, die Rita in diesen Tagen im Hause Ziss erleben musste.

Schon bevor die Vormundschaft genehmigt worden war, bekam Rita bei Familie Ziss hin und wieder etwas zu essen. Das war gegen Ende Januar 1944. Familie Ziss ermöglichte es Rita, die seltenen Kontaktmöglichkeiten zu ihrer inhaftierten Mutter zu nutzen. Diese brachen erst ab, als ihre Mutter August 1944 zur Verhandlung vor dem Volksgerichtshof wegen „Wehrkraftzersetzung" nach Berlin gebracht wurde.

Als Rita bei Familie Ziss war, trafen mehrmals Sendungen ihres Vaters ein. Rita hatte dem Vater über die Verhaftung der Mutter geschrieben. Ritas Vater sandte ihr getrockneten Speck und Rita tauschte diesen gegen Brot.

Volksgerichtshof Berlin

Im Frühjahr 1944 wurden Rita und ihre Mitschülerinnen von der Schule befreit und mussten dafür ein Pflichtjahr in privaten Haushalten absolvieren. Diese Regelung betraf alle Schüler ab der achten Schulklasse, wobei nur die Mädchen in Haushalten arbeiten mussten. Den Jungen wurden andere Arbeiten aufgetragen. Rita kam zu einer Familie namens Reichardt.[17)] Herr Reichardt war Musiker und Cello-Solist an der Bayerischen Staatsoper. Er stand der verbotenen SPD nahe und war kein Nationalsozialist. So wohnte Rita zwar weiter bei Familie Ziss, aber während des Tages arbeitete sie für Familie Reichardt. Aufgrund der toleranten Gesinnung dieser Familie war es Rita möglich, ohne Probleme ihre

17) Die genaue Schreibweise des Namens ist Rita Berger nicht mehr bekannt.

Mutter im Gefängnis zu besuchen und sogar in Begleitung von Franziska Ziss am 29. August 1944 zur Verhandlung vor dem Volksgerichtshof nach Berlin zu fahren.

Franziska Ziss bestätigte in ihrer Erklärung aus dem Jahre 1951: „In meiner Eigenschaft als Vormund fuhr ich damals mit meinem Mündel zu der Verhandlung der Frau Glasner beim Volksgerichtshof Berlin."

HILFE VON EINER MITSCHÜLERIN, DEREN VATER EIN FREUND HIMMLERS WAR

Neben der Unterstützung der Familie Ziss erlebte Rita auch von einer Mitschülerin Hilfe. Inge Reisacher war von der zweiten bis zur siebenten Klasse eine Mitschülerin von Rita. Die beiden verstanden sich sehr gut. Sie half ihr in dieser Zeit wiederholt, zum Beispiel indem sie Rita vor Mitschülern warnte, die ihr nicht günstig gesinnt waren. Und sie besuchte Rita, als Ritas Mutter inhaftiert war.

„Das Deutsche Mädel" Zeitschrift des BDM in der HJ (Oktober 1938)

„Die ganze Schule wusste, dass meine Mutter im Gefängnis war."

Inges Vater, ein Schreiner, war ein Freund Heinrich Himmlers, der ja ebenfalls aus München-Waldtrudering kam. Inge Reisacher half Rita auch, dass sie nicht in den „Bund Deutscher Mädel"[18] musste. Sie hatte das für Rita geregelt, indem sie als Mitglied des BDM Erklärungen abgab, die Rita entlasteten.

18) Der „Bund Deutscher Mädel" (BDM) war in Deutschland während der Zeit des Nationalsozialismus der weibliche Zweig der Hitlerjugend zur Gleichschaltung der Jugend.

Abb. 29: Rita Glasner 1942, im Alter von 12 Jahren (links im Bild), mit zwei Schulkameradinnen. Rechts Inge Reisacher, deren Vater ein Freund Heinrich Himmlers war, des Reichsführers-SS und Chefs der Deutschen Polizei. In der Mitte die Tochter des damaligen Pächters des Gasthauses Obermaier in Trudering.

Inges Vater hatte ihr zwar den Kontakt zu Bibelforschern verboten. Im Falle von Rita wurde die Verbindung jedoch toleriert, wenn es um das Klavierspielen ging. Inge Reisacher argumentierte dann, Rita könne ihr helfen, denn allein könne sie bestimmte Klavierstücke nicht lernen. Sie erzählte Rita erst später von diesen Vorgängen. Rita blieb mit Inge Reisacher bis zu deren Tod Ende der 1990er Jahre freundschaftlich verbunden.

Inge Reisacher und die Tochter des damaligen Pächters des Gasthauses Obermaier leben nicht mehr. Der zentral im Münchner Ortsteil Trudering an der Truderinger Straße 306 gelegene Gasthof Obermaier existiert noch heute.

KAPITEL 4

„Die schlimmste Reise meines Lebens"

Rita wurde benachrichtigt, dass ihre Mutter zur Gerichtsverhandlung nach Berlin muss.

„Man hatte mir gesagt, dass sie zum Tode
verurteilt werden würde.
Ich wusste das schon vorher.
Und meine Vormundin hat dann versucht,
dass wir eine Genehmigung bekommen,
zur Verhandlung nach Berlin zu fahren."

DAS WAR IM AUGUST 1944

Solange ihre Mutter in München und später in Weilheim inhaftiert war, konnte Rita sie etwa einmal im Monat durch offizielle Besuche im Gefängnis und heimliche Begegnungen im Zug treffen. Doch diese für Mutter und Tochter so wertvolle Möglichkeit endete, als Katharina Glasner im August 1944 nach Berlin ins Polizeigefängnis Moabit überstellt wurde, da sie vor dem berüchtigten Volksgerichtshof wegen Wehrkraftzersetzung angeklagt werden sollte.

Sie hatte den sogenannten „Daniel-Wachtturm"[1] besessen, in dem NS-kritische Äußerungen gemacht wurden, zum Beispiel wurde die Behauptung aufgestellt, Hitler würde den Krieg verlieren. Die Wachtturm-Ausgaben zirkulierten innerhalb einer Gruppe von mehreren Zeugen Jehovas. Und die Gestapo hatte erfahren, dass Katharina Glasner zu einem dieser Kreise gehörte. Obwohl sie bei ihr keine illegalen Schriften gefunden hatten, gingen sie – zu Recht – davon aus, dass sie eine Ausgabe des „Daniel-Wachtturms" besaß.

„Meine Mutter hatte die gesuchte Ausgabe des Wachtturms unter den Dachziegeln unseres Hauses versteckt. Nach dem Krieg war die Zeitschrift nicht mehr dort, was meine Mutter sehr bedauerte."

Allein der Besitz einer solchen regimekritischen Schrift reichte aus, um zum Tode verurteilt zu werden. Die Zeitschriften waren in München vervielfältigt worden.

Eine äußerst belastende Zeit für Mutter und Tochter: Katharina Glasner wurde bereits im Gefängnis in Weilheim informiert, dass sie zum Tode verurteilt werden würde. Und auch Rita erhielt über den Gestapo-Beamten Gerhard Grimm diese grausame Nachricht.

Angesichts der Tatsache, dass der Fall nicht vor dem Sondergericht in München, sondern vor dem Volksgerichtshof in Berlin verhandelt wurde, war das Todesurteil durchaus zu erwarten.[2]

1) In mehreren Ausgaben der Zeitschrift „Der Wachtturm" erschien eine Reihe mit Betrachtungen des Bibelbuches Daniel. Einzelheiten siehe Kapitel 5.
2) Zu der Frage, warum der Prozess in Berlin und nicht in München geführt wurde, siehe Anhang, Anmerkung 3.

Anders als der Name vermittelt, war der Volksgerichtshof (VGH) in Wirklichkeit ein politisches, dem Führer Adolf Hitler unterstelltes Gericht, das die höchste richterliche Gewalt für sich beanspruchte. Nach VGH-eigenen Berichten hat der Volksgerichtshof in den Jahren 1937 bis 1944 insgesamt etwa 5.200 Todesurteile ausgesprochen, von denen nahezu 5.000 auf die Jahre 1942 bis 1944 entfielen. In diesen drei Jahren lag der Anteil der zum Tode verurteilten Angeklagten bei 46 bis 50 Prozent.[3)]

Der Historiker Detlef Garbe spricht, bezogen auf Verfahren gegen Zeugen Jehovas, von einer „drastischen Strafverschärfung nach Übernahme der Verfahren in die Zuständigkeit des Volksgerichtshofes in den letzten zwei Jahren des dem Untergang entgegensteuernden Regimes."[4)]

In diese dramatische Zeitspanne fiel auch der Prozess vor dem Volksgerichtshof gegen Katharina Glasner. Als Rita erfuhr, dass ihre Mutter nach Berlin überstellt wurde und das Todesurteil zu erwarten war, setzte die inzwischen 14-Jährige alles daran, zur Verhandlung nach Berlin zu kommen. Unbedingt wollte sie ihre Mutter noch einmal sehen. Unterstützt wurde sie von ihrer Vormundin Franziska Ziss. Rita war sehr erleichtert, als sie die nötigen Genehmigungen erhielt und Franziska Ziss bereit war, sie auf der Fahrt nach Berlin und zur Verhandlung zu begleiten. Dies war umso bemerkenswerter, als 1944 während des Krieges diese belastende Reise äußerst beschwerlich war.

„Es war die schlimmste Reise meines Lebens."

3) Koch, Hannsjoachim: Volksgerichtshof, München 1988, Seite 490ff.
4) Garbe, Detlef: Zwischen Widerstand und Martyrium - Die Zeugen Jehovas im „Dritten Reich", München 1994, Seite 343.

Die Bemerkung Ritas bezieht sich sowohl auf die Reise als auch auf das Ziel der Reise: Der Prozess gegen ihre Mutter. Die Bahnfahrt von München nach Berlin gestaltete sich als sehr schwierig. Wiederholte Fliegerangriffe und andere kriegsbedingte Umstände zwangen Rita und Franziska Ziss zu zahlreichen Unterbrechungen.

Dazu kamen die miserablen Bedingungen im Zug, der bis zum Äußersten voll war, sodass Rita und ihre Begleiterin die lange Fahrt stehen mussten.

ES MISCHTEN SICH SCHMERZ UND FREUDE IN EINER ZEIT OHNE FRÖHLICHKEIT

Das waren die äußeren Verhältnisse. Doch wie sah es bei Rita innerlich aus?

„Einerseits saß der Schmerz tief, dass meine Mutter zum Tode verurteilt werden sollte. Andererseits verspürte ich die Freude, meine Mutter noch einmal sehen zu können. Dabei muss man die Verhältnisse der damaligen Zeit berücksichtigen. Es war eine Zeit voller Schmerz und Trauer. Dabei hatte ich durch mein biblisches Wissen eine Hoffnung, die mich aufrecht hielt. So mischten sich Schmerz und Freude."

„In dieser Zeit gab es niemanden,
der fröhlich war.
Das gab es nicht. Es war nicht möglich.
Ständig hörte man:
Der ist gefallen, die ist gestorben,
der ist verwundet worden usw.
Zum Beispiel wurde mir über eine mir
bekannte Familie mit fünf Kindern berichtet,
der Mann sei an der Front gefallen.
Wie kann man da noch fröhlich sein?
Dann an vielen Orten die
Zerstörungen durch den Krieg.
So herrschte also überall eine
bedrückte Stimmung.
Aber die Ereignisse reihten sich so schnell
aneinander, Ereignis nach Ereignis,
dass man gar nicht so recht zum
Nachdenken kam.“

So ordnete sich also die Situation von Rita und ihrer Mutter in die zahlreichen schrecklichen Geschehnisse der Kriegszeit ein. Rita über ihre Begegnung mit der Mutter in Berlin:

„Es war ein sehr bewegender Moment,
meine Mutter in Berlin wiederzusehen.“

Es gab nur diese eine Begegnung mit der Mutter, im Gerichtssaal während der Verhandlung. Eine Möglichkeit, mit ihrer Mutter in vertraulicher Atmosphäre zu sprechen, wurde den beiden nicht eingeräumt.

DIE VERHANDLUNG VOR DEM VOLKSGERICHTSHOF

„Die Verhandlung meiner Mutter vor dem Volksgerichtshof war das Schlimmste, was ich je erlebt habe.“

Der Antrag des Anklägers, des Reichsanwalts gegen Katharina Glasner lautete wie erwartet auf Todesstrafe.[5] Als die 14-jährige Rita hörte, wie der Antrag verlesen wurde, war ihr klar, dass ihre Mutter tatsächlich hingerichtet werden würde. Doch es kam anders. Wie sich Rita Glasner erinnert, wurde das Urteil unerwartet in eine siebenjährige Zuchthausstrafe abgeändert.

Damit übereinstimmend sagte Katharina Glasner am 20. Juni 1947 aus: „Ich wurde nach Beendigung dieser [Gestapo-]Verhöre in das Gerichtsgefängnis Stadelheim ausgeliefert und nach mehreren Haftanstalten-Wechsel dem Volksgerichtshof in Berlin übergeben. Dieses Gericht verurteilte mich wegen ‚Vorbereitung zum Hochverrat zum Tode‘, begnadigte mich aber doch dann auf 7 Jahre Zuchthaus.“[6]

Was war geschehen? Rita Glasner berichtet, dass bei der Verhandlung 23 junge Soldaten einer Genesenden-Kompanie anwesend waren, die verletzt aus Russland zurückgekommen waren. Die Anwesenheit von Soldaten war nicht üblich, sondern eine Ausnahme. Einer der Soldaten, nicht wissend, dass es sich um die Tochter der Verurteilten han-

5) Franziska Ziss, die als Vormundin von Rita bei dem Prozess anwesend war, bestätigte in einer eidesstattlichen Erklärung vom 6. Dezember 1951: „Durch den Ankläger wurde damals die Todesstrafe beantragt.“
6) Eidesstattliche Erklärung von Katharina Glasner vom 20. Juni 1947 (siehe Kapitel 3, Abb. 24, Seite 63). Der von Katharina Glasner verwendete Begriff „begnadigte“ ist fachlich nicht korrekt.

delte, beobachtete die Reaktion der 14-jährigen Rita auf die Urteilsverkündung und sprach sie an. Die unter Schock stehende Rita reagierte mit den Worten:

„Meine Mutter wurde gerade zum Tode verurteilt."

Ein Raunen ging durch die Gruppe der Soldaten, erzählt Rita weiter. Einer der Richter fragte, was hier los sei. Daraufhin stand ein mutiger Soldat auf und sagte gemäß der Erinnerung von Rita: „Wir sind eine Genesenden-Kompanie. Wir werden hier in Berlin im Lazarett behandelt. Uns wurde gesagt, wir kämpfen an der Front in Russland für Frau und Kind. Und ihr bringt unsere Mütter vors Gericht und verurteilt sie zum Tode. Das verbitten wir uns."

Daraufhin zog sich das Gericht zu Beratungen zurück. Der Soldat tröstete Rita. Nach mehr als einer Stunde, eine für Rita schrecklich lange und schwere Zeit, wurde die Verhandlung fortgesetzt. Nun wurde Katharina Glasner anders als geplant und zunächst verkündet, nicht zum Tode verurteilt, sondern zu einer Zuchthausstrafe von sieben Jahren.

Wie wäre die Verhandlung ausgegangen, wenn Rita nicht mit ihrer Vormundin nach Berlin gekommen wäre? Ihrer Anwesenheit beim Prozess war es zu verdanken, dass Katharina Glasner nicht hingerichtet wurde. Dasselbe traf auf zwei weitere angeklagte Zeuginnen Jehovas zu, deren Todesurteile ebenso in Zuchthausstrafen abgemildert wurden.

Hier ist die Münchnerin Lina Wilhelm zu nennen. Weil sie ebenfalls Mutter war, wurde auch ihr Todesurteil in eine Strafe von sieben Jahre Zuchthaus umgewandelt. Die verwitwete Lina Wilhelm war die Mutter von Ruth (Jahrgang 1930) und Hildegard (Jahrgang 1924). Ruth war eine Mitschülerin von Rita. Lina Wilhelm erzählte später ihrer Tochter Hildegard (verheiratete Fuchsbichler) und Jahre danach auch ihrer Enkeltochter Sylvia Fuchsbichler (verheiratete Sohr) von ihrem anfänglichen Todesurteil und der

Abb. 30: Lina Wilhelm (1946), Witwe und Mutter von zwei Kindern im Alter von 14 und 20 Jahren – zum Zeitpunkt der Gerichtsverhandlung

Änderung auf Zuchthausstrafe durch den Volksgerichtshof. Dies berichtete Sylvia Sohr.[7)]

Die weiteren mit Urteil des VGH Berlin vom 29. August 1944 verurteilten Zeugen Jehovas: Eva Duchmann, Mainz, (Todesurteil) wurde am 13. Oktober 1944 hingerichtet. Daniel Hamerslag, Frankfurt am Main, (Gefängnisstrafe 2 Jahre) kam in das Konzentrationslager Dachau, wo er bis zur Befreiung verblieb. Cornelius van der Raaf, Frankfurt am Main, blieb trotz Freispruch bis Januar 1945 in Berlin inhaftiert.[8)]

6. Von welchem Gericht verurteilt: Volksgericht Berlin
Dauer und Art der verhängten Strafe: Todesstrafe, begnadigt zu 7 Jahren Zuchthaus
Urteilsbegründung: Wehrkraftzersetzung
7. In welchem Konzentrationslager gewesen: ./.
Von wann bis wann: ./.
8. Unterbringung in einer anderen Anstalt: Zuchthäuser ja — nein
Genaue Bezeichnung der Anstalt: Lübeck, Berlin, Cottbus, Klein Meusdorf b. Leipzig
9. Während der Haft umgekommen: ja — nein
Auf natürliche oder gewaltsame Weise: ./.
10. Zum Tode verurteilt: ja, begnadigt 7 J. Z. ja — nein
Urteilsbegründung: Wehrkraftzersetzung
Hinrichtung erfolgte am: ./. Begnadigt am: 29/8.44 Freigekommen am: 29/4.45
11. Erduldete Mißhandlungen: Faustschläge, Kopf- u. Gesichtshiebe
12. Auf Mißhandlung zurückgebliebene dauernde Körperschäden: Nervöse Lähmungen

Ich versichere hiermit ausdrücklich, daß die vorstehenden Angaben der Wahrheit entsprechen und daß nur solche Verfolgungsakte angegeben sind, die ich auf Grund meines Eintretens für Jehova und seine Theokratie erlitten habe.

Ort: Bad Kreuznach den 13. Nov. 1945.

Unterschrift: Elisabeth Scherhag

Bemerkungen:

Abb. 31: Seite zwei der Erklärung von Elisabeth Scherhag vom 13. November 1945

7) Gespräch des Autors mit Sylvia Sohr, Taufkirchen, vom 4. Januar 2014. Das Gleiche traf auf die dritte bei der Verhandlung zu sieben Jahren Zuchthaus verurteilten Zeugin Jehovas Elisabeth Scherhag aus Bad Kreuznach zu. Das geht aus einem von Elisabeth Scherhag unterzeichneten Dokument vom 13. November 1945 hervor, in dem sie bestätigt, dass sie vom Volksgerichtshof die Todesstrafe erhielt, das Urteil dann aber auf sieben Jahre Zuchthaus abgeändert wurde (vgl. Abb. 31).
8) Archiv der Zeugen Jehovas, Selters/Ts.

Natürlich bedeutete das auf sieben Jahre Zuchthaus gemilderte Urteil ein Aufatmen, eine enorme Erleichterung für Rita und ihre Mutter wie für alle anderen Betroffenen. Und doch blieb der Schmerz der Trennung und Ungewissheit. Außerdem warteten mit dem Zuchthaus neue Belastungen und Lebensrisiken auf Katharina Glasner.

„WERDE ICH MEINE MUTTER JE WIEDERSEHEN?“

„Das Schlimme war dann das erneute Abschiednehmen. Ich fragte mich: Werde ich meine Mutter je wiedersehen? Das Abschiednehmen war wieder furchtbar.“

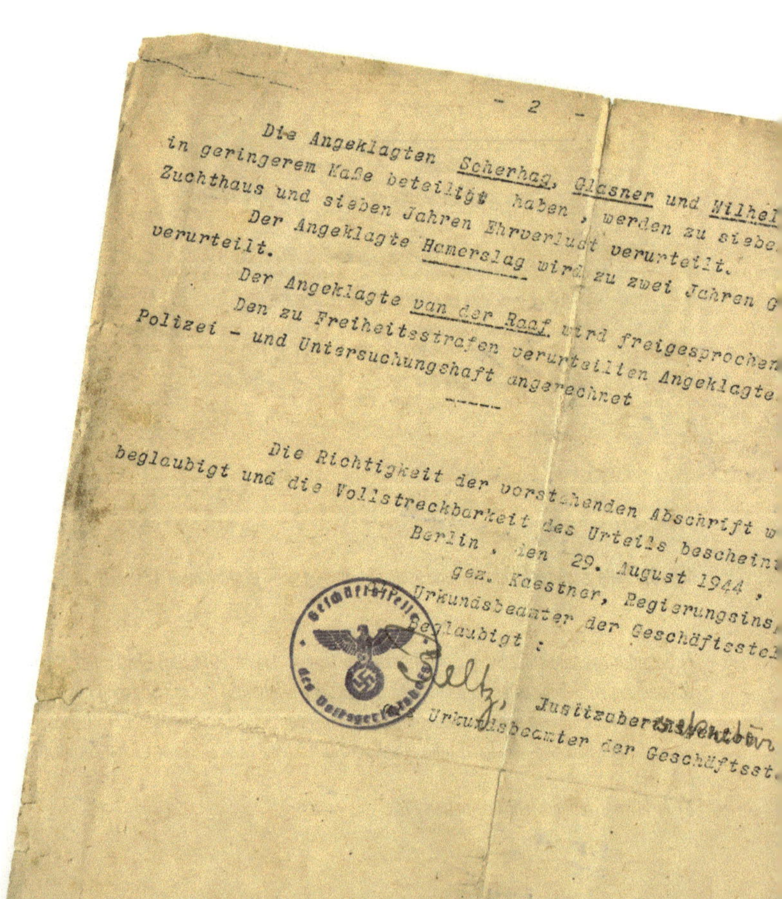

\- 2 -

Die Angeklagten Scherhag, Glasner und Wilhel
in geringerem Maße beteiligt haben, werden zu siebe
Zuchthaus und sieben Jahren Ehrverlust verurteilt.
Der Angeklagte Hamerslag wird zu zwei Jahren G
verurteilt.
Der Angeklagte van der Raaf wird freigesprochen
Den zu Freiheitsstrafen verurteilten Angeklagte
Polizei - und Untersuchungshaft angerechnet

\-----

Die Richtigkeit der vorstehenden Abschrift w
beglaubigt und die Vollstreckbarkeit des Urteils beschein
Berlin, den 29. August 1944,
gez. Kaestner, Regierungsins
Urkundsbeamter der Geschäftsste
Beglaubigt:
Justizoberinspektor
Urkundsbeamter der Geschäftsst.

Begl. Abschrift.
3 L 419/ 44
6 J 84/ 44

IM NAMEN DES DEUTSCHEN VOLKES !

In der Strafsache gegen

1.) die Ehefrau Eva Katharina Magdalene Duchmann geborene Köhler aus Mainz, dort geboren am 22. April 1893,
2.) den Koch Daniel Hamerslag aus Frankfurt a.M., geboren am 27. Dezember 1913 in Schidam,
3.) den Konditor und Bühnenarbeiter Cornelius van der Raaf aus Frankfurt a.M., geboren am 8. Oktober 1917 in Schidam,
4.) die berufslose Elisabeth Scherhag aus Bad Kreuznach, dort geboren am 5. Januar 1888,
5.) die Ehefrau Katharina Glasner geborene Maier aus München-Waldtrudering, geboren am 4.August 1907 in Schrödlreuth,
6.) die Witwe Lina Wilhelm geborene Leukel aus München, geboren am 28. Februar 1900 in Moosch (Oberelsaß),

zu 2 u. 3) holländische Staatsangehörige,
sämtlich zur Zeit in Haft,

wegen Wehrkraftzersetzung

hat der Volksgerichtshof, 3. Senat, auf Grund der Hauptverhandlung vom 29. August 1944, an welcher teilgenommen haben

als Richter:

Volksgerichtsrat Duve, Vorsitzer,
Landgerichtsdirektor Storbeck,
ᛋᛋ-Brigadeführer Tschermann,
Generalleutnant der Waffen-ᛋᛋ Petri,
Bereichsleiter Fischer,

als Vertreter des Oberreichsanwalts:

Kammergerichtsrat Bischoff,

für Recht erkannt:

Die Angeklagte Duchmann hat sich bis zum Jahre 1943 insbesondere durch Entgegennahme und Weitergabe von reichsfeindlichen Schriften in erheblichem Umfange für die verbotene Internationale-Bibelforscher-Vereinigung betätigt.

Sie wird daher zum Tode und zu dauerndem Ehrverlust verurteilt.

Die

Abb. 32: Urteil des Volksgerichtshofes Berlin vom 29. August 1944, mit dem Katharina Glasner zu sieben Jahren Zuchthaus verurteilt wurde

Die beiden Münchnerinnen Katharina Glasner und Lina Wilhelm kamen in das zwischen Dresden und Leipzig gelegene Zuchthaus Waldheim. Elisabeth Scherhag war bis April 1945 in Leipzig inhaftiert. [9)]

Abb. 33: Rita mit ihrer Mutter Katharina Glasner (1941)

9) Die Aussagen von vier Beteiligten, die sich unabhängig voneinander zu verschiedenen Zeitpunkten über die Verhandlung geäußert haben und übereinstimmend feststellten, dass zunächst Todesurteile ausgesprochen wurden, die dann in Zuchthausstrafen abgeändert wurden, sind starke Belege dafür, dass es sich tatsächlich so abgespielt hat. Aufgrund dieser Belege steht zumindest fest, dass Todesurteile Gegenstand der Verhandlung waren, wofür außerdem die Erklärung einer fünften Anwesenden der Verhandlung, Franziska Ziss, spricht, dass ein Todesurteil gegen Katharina Glasner beantragt wurde. Der Rechtshistoriker Dr. h.c. Dr. Lothar Gruchmann vertritt die Auffassung, dass es kein Todesurteil gegen Katharina Glasner gab, da dafür keine gerichtlichen Dokumente überliefert sind. Der Jurist Dr. Martin Picherer stellt dagegen fest, dass keine abschließende Bewertung dieser Frage möglich ist. Denkbar sei zum Beispiel, dass das Gericht in der mündlichen Verhandlung Todesurteile nur angedroht oder in Aussicht gestellt habe und die Anwesenden dadurch den Eindruck bekamen, es seien tatsächlich schon Todesurteile gefällt worden, obwohl eine formelle Entscheidung des Gerichts noch ausstand. Andererseits könne auch nicht ausgeschlossen werden, dass die Wahrnehmung der vier Beteiligten mit dem tatsächlichen juristischen Ablauf der Verhandlung übereinstimmte.

KAPITEL 5

Die Verurteilung von Ritas Mutter – Gründe und Folgen

„Die Zeugen Jehovas wurden von allen religiös-weltanschaulichen Gruppen – nach den Angehörigen des jüdischen Glaubens – am härtesten vom national-sozialistischen Regime verfolgt“

(Detlef Garbe „Täter und Opfer“: in Dachauer Hefte Nr. 10, Dachau 1994, Seite 7)

Die zweite Verhaftung von Katharina Glasner (nach der ersten 1937) erfolgte am 26. November 1943. Rita blieb allein in der elterlichen Wohnung zurück. Zunächst war Katharina erneut in Stadelheim inhaftiert, dann wurde sie nach Weilheim überstellt. Schließlich wurde ihr vom Volksgerichtshof in Berlin wegen Wehrkraftzersetzung der Prozess gemacht.

Über die Verhältnisse im Strafgefängnis Stadelheim schrieb Hildegard Schäfer, die dort Anfang 1944 als Zeugin Jehovas inhaftiert war:

„Es gab dort so viele Wanzen, daß man sich ihrer nicht erwehren konnte und die Nachtruhe erheblich gestört war." [1]

NACH WEILHEIM EINZELHAFT IM POLIZEIGEFÄNGNIS BERLIN-MOABIT

Wegen ihres anstehenden Prozesses vor dem Volksgerichtshof wurde Katharina Glasner im August 1944 von Weilheim nach Berlin in das Polizeigefängnis Moabit überstellt. Dort kam sie in eine Einzelzelle.

Trost fand sie in der Einzelhaft und trotz des drohenden Todesurteils in ihrem Glauben. Später berichtete sie ihrer Tochter Rita, ihre enge Verbindung zu Jehova (Gott) habe ihr geholfen, mehr das Privileg ihrer biblischen Hoffnung zu sehen als die Bedrohungen des NS-Unrechtregimes.

Ritas Resümee heute:

„Jehova hilft.
Wir brauchen keine Angst zu haben." [2]

1) Bericht Hildegard Schäfer vom 11. Juni 1960, Archiv der Zeugen Jehovas, Selters/Ts.
2) Zum biblischen Gottesnamen Jehova siehe Anhang, Anmerkung 4.

Volksgerichtshof
Geschäftsstelle des 3. Senats

Berlin W 9, den 2. August 1944.
Bellevuestraße 15
Fernsprecher: 218341

6J 84/44
3 L 419/44

Haft!

An

Frau Katharina Glasner in Schutzhaft

im Gerichtsgefängnis

in Weilheim

Auf Anordnung des Vorsitzenden des 3. Senats teile ich Ihnen beiliegende Anklageschrift nach § 201 StPO. mit.

Falls Sie die Vornahme einzelner Beweiserhebungen vor der Hauptverhandlung beantragen oder Einwendungen gegen die Fortdauer der Untersuchungshaft vorbringen wollen, werden Sie aufgefordert, Ihre Anträge oder Einwendungen binnen drei Tagen, von der Zustellung dieser Mitteilung ab gerechnet, entweder schriftlich hierher einzureichen oder dort mündlich zu Protokoll der Geschäftsstelle des Amtsgerichts zu erklären.

Als Verteidiger ist Ihnen von Amtswegen bestellt worden
Herr Rechtsanwalt

Hugo Bergmann in Berlin-Oberschöneweide, Wilhelminenhofstr. 25.

Form. III 20.

Die

- 2 -

Die Hauptverhandlung ist angeordnet.
Termin am 29. August 1944, 11 Uhr.

Regierungsinspektor.

Abb. 34: Begleitschreiben vom 2. August 1944 zur Übersendung der Anklageschrift des Volksgerichtshofs an Katharina Glasner, damals inhaftiert im Gefängnis Weilheim

GRÜNDE UND HINTERGRÜNDE DER VERURTEILUNG DURCH DEN VOLKSGERICHTSHOF

Warum musste Katharina Glasner vor den Volksgerichtshof nach Berlin? In diesem Zusammenhang erwähnte Rita immer wieder den „Daniel-Wachtturm". Ihrer Mutter sei vorgeworfen worden, sie hätte den „Daniel-Wachtturm" besessen. Wie Rita berichtet, hatte auch sie diese Ausgabe des Wachtturms einmal in Händen gehabt. Darin hätten negative Aussagen über Hitler und seine Politik gestanden.

„Meine Mutter war ganz begeistert vom Inhalt des ‚Daniel-Wachtturms'. Sie war beeindruckt, wie schonungslos die Verbrechen des Hitler-Regimes dort angesprochen wurden. Und er hat meiner Mutter die Hoffnung vermittelt, dass das Hitler-Regime zu Ende gehen werde. Das war für meine Mutter ein Glücksgefühl."

Nachdem Rita nur noch das Urteil des Volksgerichtshofs gegen Katharina Glasner vom 29. August 1944 vorliegt, jedoch weder die Anklageschrift noch die Urteilsbegründung, blieb dieser wichtige Teil lange im Dunkeln. Selbst die spätere Einsicht in die Anklageschrift vom 8. Juli 1944[3)] führte nicht weiter, denn darin wird der „Daniel-Wachtturm" nicht erwähnt.

3) Bundesarchiv ZC 9472

Rita über die Verhandlung in Berlin, an die sie sich noch sehr gut erinnern kann:

„In der Verhandlung vor dem Volksgerichtshof ging es hauptsächlich um den ‚Daniel-Wachtturm'. Meine Mutter, die sich der Bedeutung der Anklage bewusst war, bestritt, einen solchen Wachtturm besessen zu haben. Aber das Gericht glaubte ihr nicht. Nach dem Krieg hat meine Mutter oft mit meinem Vater und mir darüber gesprochen."

In der Anklageschrift wurde Katharina Glasner dagegen – ohne Erwähnung einer bestimmten Schrift – nur allgemein vorgeworfen, seit 1942 von Alois Eibl illegale Bibelforscherschriften erhalten und diese an Lina Wilhelm weitergegeben zu haben. Und: „Kurz vor ihrer Festnahme übergab sie ein Bündel Flugblätter dem vom Oberreichskriegsanwalt verfolgten Bibelforscher Xaver Klotz zur Weitergabe an Eibl."[4)]

Außerdem wurde sie angeklagt, einige Tage den von der Gestapo gesuchten Alois Eibl beherbergt zu haben sowie I.B.V.-Gelder für die längere Unterbringung von Eibl an einem anderen Ort verwendet zu haben. Und sie beherbergte einen Deserteur, offenbar kein Zeuge Jehovas. Die Anklagepunkte stützten sich u. a. auf mehrere Verhöre, die die Gestapo nach der Festnahme von Katharina Glasner mit ihr in München geführt hatte.

4) Ebd.

Nachdem Katharina Glasner schon bei den Verhören in München den Besitz eines „Daniel-Wachtturms“ bestritt und keine anderen Beweise dafür vorlagen, wurde dieser Punkt offenbar nicht in die Anklage aufgenommen. Aber vom Tisch war der Anklagepunkt damit noch nicht, weshalb er bei der Verhandlung erneut angesprochen wurde, sogar im Mittelpunkt der Verhandlung stand.

Worum handelte es sich bei dem in der Verhandlung erwähnten „Daniel-Wachtturm“? Diese Information konnte schließlich dem ausführlichen Urteil gegen den Augsburger Zeugen Jehovas Georg Halder, der auch Verbindungen nach München unterhalten hatte, entnommen werden. Die Urteilsbegründung des Sondergerichts München führt uns zum sogenannten „Daniel-Wachtturm“.

INHALT „WEHRZERSETZENDER FLUGSCHRIFTEN“ DER VIERZIGER JAHRE

Der wesentliche gegen Halder gerichtete Anklagepunkt war die Weitergabe von „wehrzersetzenden Flugschriften“. Bei den ersten sieben Schriften im Rahmen einer in der Anklageschrift aufgeführten Auflistung von insgesamt zehn Schriften ging es um Wachtturm-Ausgaben, die sich mit Aussagen des Bibelbuches Daniel beschäftigten. Die Auflistung ging auch auf die Inhalte dieser Ausgaben ein. Und tatsächlich waren hier einige markante negative Bemerkungen zu Hitler und seiner Politik offen ausgesprochen worden.

Rita bestätigt, dass im Falle ihrer Mutter in der Anklage nur von einer Ausgabe des Wachtturms die Rede war. Im Falle von Georg Halder ging es um eine ganze Artikelserie, die in mehreren Ausgaben dieser Zeitschrift veröffentlicht worden war.

Im Urteil gegen Georg Halder vom 18. Februar 1944[5)] wurde die Artikelserie der Zeitschrift „Der Wachtturm" (im Urteil oft mit WT abgekürzt) erwähnt. Die als Flugblätter bezeichneten Wachtturm-Ausgaben wurden bei Georg Halder gefunden. Er war bereits am 27. Januar 1943 festgenommen worden.

Wahrscheinlich handelte es sich um mit einem Abziehapparat vervielfältigte Ausgaben des Wachtturms. Dadurch war der Zeitschriftencharakter verloren gegangen, weshalb die Gestapo von „Flugblättern" sprach. Die Inhaftierungen waren gewöhnlich mit Hausdurchsuchungen durch die Gestapo verbunden. Bei Georg Halder wurden Bibelforscherschriften gefunden. In der Anklageschrift vom 29. November 1943 gegen Georg Halder wurden aus Sicht des NS-Staates als kriminell eingestufte Aussagen einzelner Artikel dieser Ausgaben zitiert bzw. kommentiert.

Die Inhalte verdeutlichen die Brisanz des Besitzes eines „Daniel-Wachtturms" von Katharina Glasner. Da in der Anklageschrift des Volksgerichtshofes gegen Katharina Glasner der „Daniel-Wachtturm" nicht angesprochen wird, werden nachfolgend Bezugnahmen zu den besagten Artikeln aus der Anklageschrift gegen Georg Halder wiedergegeben.

5) Georg Halder wurde am 18. Februar 1944 mit 13 weiteren Zeugen Jehovas vom 1. Strafsenat des Oberlandesgerichts München verurteilt. Das Urteil für Georg Halder lautete auf Todesstrafe. Es wurde am 4. April 1944 im Münchner Strafgefängnis Stadelheim vollstreckt (StAM Generalstaatsanwalt beim OLG München 3435).

IN DER ANKLAGESCHRIFT GEGEN GEORG HALDER AUFGEFÜHRTE BEZUGNAHMEN UND ZITATE AUS SOGENANNTEN „DANIEL-WACHTTÜRMEN“

„a) ‚Biblische Betrachtung: 1. Teil die Prophezeiung Daniels WT Nr. 15‘. Hier wird auf Seite 4 ff der Führer ... als ‚Sprössling des Satans‘ bezeichnet. Auf Seite 7 wird die deutsche Außenpolitik ‚trügerisch‘ genannt. Das Flugblatt fand sich bei Halder.“

„b) ‚Biblische Betrachtung, 2. Teil ... WT Nr. 16‘. Hier wird auf Seite 8 die angebliche Verfolgung der Ernsten Bibelforscher gebrandmarkt. Auf Seite 9 ist behauptet, die ‚Nazipartei‘ habe mit Hilfe des Papstes die Macht in Deutschland errungen. Die Flugschrift fand sich bei Halder.“

„c) ‚Biblische Betrachtung‘, 3. Teil die Prophezeiung Daniels WT Nr. 17‘. ... Auf Seite 9 wird die angebliche Verfolgung der Ernsten Bibelforscher gebrandmarkt. Die Flugschrift fand sich bei Halder.“

„d) ‚Biblische Betrachtung, 4. Teil die Prophezeiung Daniels WT Nr. 18‘. Hier wird auf Seite 5 der Einmarsch in Polen als ‚Raub und Vernichtung‘ bezeichnet. Auf Seite 6 ist das ‚Nazi-faschistisch-kanonistische Rechtssystem‘ angegriffen, der Führer als Diktator über die ‚Militär-Maschinerie‘ und die ‚Handelsriesen‘, ... dargestellt. Auf Seite 7 oben wird die deutsche Judenpolitik angegriffen. Auf Seite 10 wird ein Brief eines angeblich wegen Wehrdienstverweigerung

Hingerichteten [Zeugen Jehovas] gebracht. Die Schrift fand sich bei Halder."

„e) ‚Biblische Betrachtung, 5. Teil, Prophezeiung Daniels WT Nr. 19'. ... Auf Seite 7 wird von einem ‚Verrat' Hitlers gesprochen. Auf Seite 9 ist wieder ein Brief [eines hingerichteten Zeugen Jehovas], wie unter d) gebracht. Die Schrift fand sich bei Halder."

„f) ‚Biblische Betrachtung, 6. Teil die Prophezeiung Daniels WT Nr. 20'. Hier wird auf Seite 2 die Rechtmäßigkeit des Einmarsches in Polen bestritten, auf Seite 3 das Gleiche für Norwegen und Dänemark getan. Auf der gleichen Seite wird von ‚Verrat und Heuchelei Hitlers' geredet. Das Flugblatt fand sich bei Halder."

„g) ‚Biblische Betrachtung, 7. Teil die Prophezeiung Daniels WT Nr. 21'. Hier wird auf Seite 2 die deutsche Innenpolitik angegriffen und auf Seite 8 von der Bedrückung des Volkes durch die Nazi-Diktatur gesprochen. Das Flugblatt fand sich bei Halder."[6)]

Die Druckschriften hatte Georg Halder von den Münchner Eheleuten Ludwig und Maria Stauffer erhalten. Er war zu diesem Zweck mehrmals nach München gereist, um die Schriften bei Stauffers abzuholen.

Die Urteilsbegründung gegen Georg Halder stützte sich im Wesentlichen auf den Besitz der „Daniel-Wachttürme". Auf den Seiten 8 bis 11 des Urteils wird dabei unter anderem Folgendes festgestellt:

6) Anklageschrift vom 29. November 1943, S. 8f., StAM Generalstaatsanwalt beim OLG München 3435.

„Die Wachtturmabzüge ‚Biblische Betrachtungen, Prophezeiungen Daniels', mit dem oben gekennzeichneten politischen Inhalt sind ganz eindeutig geeignet, den Willen des Deutschen Volkes zur wehrhaften Selbstbehauptung zu zersetzen. Wenn die deutsche Staatsführung und die deutsche Kriegsführung in derart gehässiger Weise sittlich verdammt werden, so muss das bei Leuten mit schwachem Urteil den Wunsch und den Willen zum siegreichen Durchhalten in dem jetzigen harten Kriegsringen untergehen. Die Zugänglichmachung dieser Schriften oder ihres Inhalts für weitere Kreise stellt, wenn die nötigen subjektiven Voraussetzungen beim Täter gegeben sind, ein Verbrechen der Wehrkraftzersetzung nach § 5 Abs. 1 Ziff.1 der KSStRVO vom 17.8.1938 dar. [...] Teilweise erhielt er [Halder] aber auch Druckschriften mit höchst gefährlichem politischem Inhalt, der besonders geeignet ist, den Wehrwillen des Volkes zu untergraben. Es handelt sich insoweit vor allem um die ‚Biblischen Betrachtungen [der] Prophezeiung Daniels' W.T. Nr. 15 – 23. Der politische Geist, der in diesen Schriften atmet und aufdringlich genug auch auf einem oberflächlichen Leser entgegentritt, wurde bereits oben näher geschildert. [...] Der wehrfeindliche Charakter dieser politischen Auslassungen ist derart handgreiflich, daß er selbst von einem geistig weniger veranlagten Menschen unschwer erkannt werden würde. [...] bei sämtlichen Handlungen, die der Verbreitung der wehrzersetzenden Druckschriften dienten, handelte Halder in Ausführung eines einheitlichen, von vornherein auf Wiederholung gerichteten Vorsatzes. [...] Es wurde bereits ausgeführt, daß die Vereinigung der Ernsten Bibelforscher wegen ihrer Lehre, daß das göttliche Tötungsverbot auch für den

Soldaten gegenüber dem Feinde im Kriege gelte, eine wehrfeindliche Verbindung im Sinne des § 3 der Wehrkraftschutzverordnung vom 25. November 1939 darstellt. Diese Tötungsverbotslehre ist eine der grundlegenden Lehren der Bibelforscher."[7]

Auf Seite 21 des Urteils heißt es deutlich:

„Diese Schriften [Daniel-Artikelserie] strotzen vor Gehässigkeit gegenüber der nationalsozialistischen Staatsführung und lassen den jetzigen Krieg als ein verwerfliches Spiel dieser Staatsführung erscheinen, das verloren gehen werde."[7]

Die Urteilsbegründung gegen Georg Halder lässt erahnen, warum Katharina Glasner und ebenso ihrer Tochter schon im Vorfeld der Verhandlung vor dem VGH Berlin ein zu erwartendes Todesurteil gegen Katharina Glasner angekündigt worden war. Der wiederholte Hinweis von Rita, ihre Mutter sei wegen des Besitzes des (bzw. eines) „Daniel-Wachtturms" vom VGH Berlin angeklagt worden, wird so nachvollziehbar. Rita stützt sich dabei auf die Verhandlung, der sie beiwohnte.

In § 5 der Kriegssonderstrafrechtsverordnung (RGBl. I 1939, S. 1455) werden die weitgefassten Tatbestandsmerkmale einer „Zersetzung der Wehrkraft" beschrieben. Das erste der drei dort genannten Tatbestandsmerkmale lautete:

„1. Wer öffentlich dazu auffordert oder anreizt, die Erfüllung der Dienstpflicht in der deutschen oder einer verbündeten Wehrmacht zu verweigern, oder sonst öffentlich den Wil-

7) *Urteil des 1. Strafsenats des Oberlandesgerichts München vom 18. Februar 1944, StAM Generalstaatsanwalt beim OLG München 3435.*

len des deutschen oder verbündeten Volkes zur wehrhaften Selbstbehauptung zu lähmen oder zu zersetzen sucht."

Auf den Tatbestand der Wehrkraftzersetzung stand die Todesstrafe. Darauf wurde auch im Urteil gegen Georg Halder ausdrücklich Bezug genommen:

„Für das Verbrechen der Wehrkraftzersetzung sieht das Gesetz zwingend die Todesstrafe vor."[8)]

Auch im Urteil des VGH vom 29. August 1944 gegen Katharina Glasner und weitere Zeugen Jehovas wurde die Todesstrafe bei Wehrkraftzersetzung ausdrücklich angesprochen:

„Die Einstellung der IBV zum nationalsozialistischen Reich und zum Wehrdienst war den Angeklagten Duchmann, Scherhag, Glasner und Wilhelm bekannt. Sie sind alte Bibelforscher, und durch ihre Hände sind im Lauf der Zeit zahlreiche Bibelforscherschriften gegangen. [...] Wenn die Angeklagten sich trotzdem noch im Kriege in der angegebenen Weise für die IBV betätigten, so haben sie sich selbst der Wehrkraftzersetzung schuldig gemacht (§ 5 Abs. 1 Ziff. 1 KSSVO). Auf Wehrkraftzersetzung steht grundsätzlich die Todesstrafe, auf die der Senat auch gegen die Angeklagte Duchmann erkannt hat." (Urteil vom 29. August 1944, Seite 5)

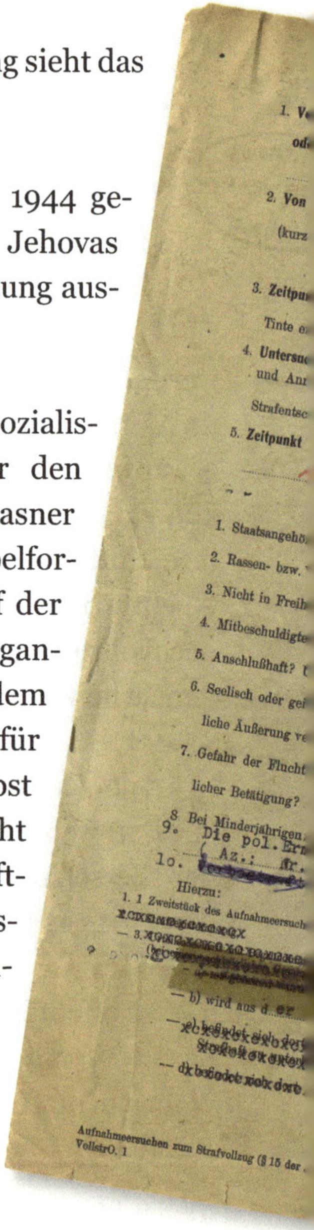

8) Ebd., Seite 22

Der Oberreichsanwalt
beim Volksgerichtshof
(Angabe der Vollstreckungsbehörde)

Berlin, den 7. Septem-ber 1944.

Geschäftsnummer: 6 J. 84/44
(bei allen Schreiben anzugeben)

Fernruf: ... Anschluß Nr.

Zuchthaus
...SEP. 1944
Waldheim

Nicht -Gestrauchelte!

Aufnahmeersuchen

an den Herrn Vorstand des Zuchthauses in Waldheim /Sa.
(Bezeichnung der zuständigen Vollzugsanstalt)

I. Zum Strafvollzug soll aufgenommen werden:

...name und Vornamen: Glasner, Katharina geb. Maier

... in Schrödlreuth

...ten Aufenthalts in der Freiheit):
...rburger Landstr. 266 /I

...en soll:

...r Strafentscheidung):
...chthaus

... und als Rest der anzugebenden ursprünglichen

...nummer, Bezeichnung der Straftat und des Straf-
... und Nebenstrafen oder Maßregeln der Sicherung

...e wesentlichen Angaben auch für die erledigten und
...u machen):
...mel

...ie Verurteilte

... zurück.

28.Sep.1944.

IV. Strafzeitberechnung

...e oder Wiederannahme zum Strafvollzug liegender Zeitpunkt, von dem ab die Strafe
...fe zu rechnen ist (kurz begründen):
29. August 1944- Tagesanfang

...Zeitpunkt unter 1. verstrichenen Zeit sind in die Strafzeit nicht einzurechnen
./.
... Tage und ... Stunden.

...me oder Wiederannahme zum Strafvollzug (von der Vollzugsanstalt mit roter
...

... bis zur Strafentscheidung erlitten und anzurechnen ist (bei voller Anrechnung
...einem bestimmten Zeitpunkt ab nach Tagen und Stunden, sonst wie in der
...eben): Vom 26. 11. 1943 bis 28. 8. 1944. = 277 Tg

...fs (gegebenenfalls erst von der Vollzugsanstalt mit roter Tinte einzusetzen):
...zember 1950 Tagesende

V. Besondere Bemerkungen

D. R.

...keit? Deutsche

26. 11. 1943

Mitverurteilte? s. Urteilsformel.

Bejahung kurz begründen) ./.

...rank? Schwanger? (gegebenenfalls auf abschriftlich beizufügende ärzt-
./.

...lichkeit, des Selbstmords, der Selbstbeschädigung, gleichgeschlecht-
./.

...hung, Schutzaufsicht? Zuständige Behörden?
...n sind durch die Polizeileitstelle in München
K 2 (26) geführt worden.

Im Auftrage:

(Name des ... Vollstreckung betreibenden Beamten)

Reichsanwalt

...gericht in Berlin

Anstaltsdruckerei Waldheim (Sachs)

Abb. 35: Aufnahmeersuchen durch den Oberreichsanwalt beim Volksgerichtshof an das Zuchthaus Waldheim für Katharina Glasner vom 7. September 1944 (Vorder- und Rückseite)

Bei Georg Halder wurden Wachtturm-Ausgaben der Daniel-Serie gefunden. Katharina Glasner konnte dagegen trotz des auf sie ausgeübten Drucks der Besitz einer solchen Ausgabe nicht nachgewiesen werden. Sie leugnete vor Gericht, einen „Daniel-Wachtturm“ besessen zu haben, weil sie sich der Brisanz dieser Anklage bewusst war. Es ist daher nachvollziehbar, dass weder in der Anklageschrift noch im Urteil des VGH ein Hinweis darauf zu finden ist. In der Urteilsbegründung wird dagegen festgestellt:

„Daß die Angeklagten noch eine weitergehende Tätigkeit entfaltet haben, ist nicht erwiesen“ (Urteil vom 29. August 1944, Seite 4).[9]

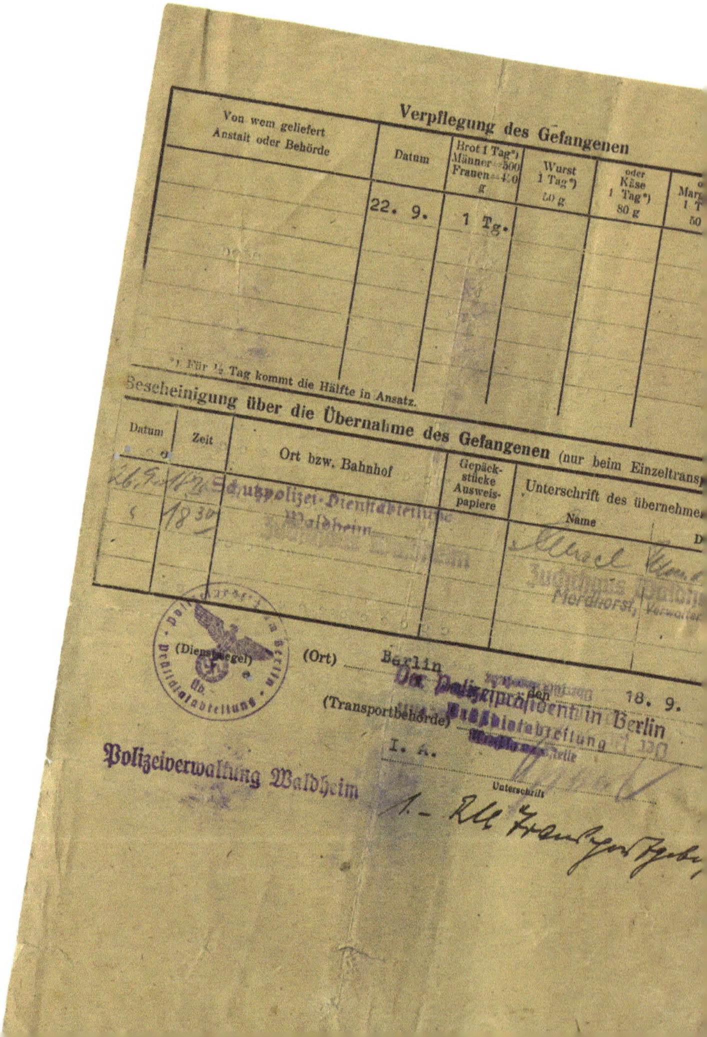

Von wem geliefert Anstalt oder Behörde	Verpflegung des Gefangenen				
	Datum	Brot 1 Tag*) Männer 500 Frauen 400 g	Wurst 1 Tag*) 40 g	oder Käse 1 Tag*) 80 g	
	22. 9.	1 Tg.			

*) Für ½ Tag kommt die Hälfte in Ansatz.

Bescheinigung über die Übernahme des Gefangenen (nur beim Einzeltrans[port])

Datum	Zeit	Ort bzw. Bahnhof	Gepäckstücke Ausweispapiere	Unterschrift des übernehme[nden] Name
26.9.	18[30]	Schutzpolizei-Dienstabteilung Waldheim		Zuchthaus Waldheim

(Dienstsiegel) (Ort) Berlin den 18. 9.

(Transportbehörde) Der Polizeipräsident in Berlin

I. A.

Unterschrift

Polizeiverwaltung Waldheim

9) Bundesarchiv ZC 9472.

Polizeigefängnis I

Der Polizeipräsident in Berlin

Bezeichnung der Transportbehörde

Überführungsstelle

Üb. I Ba. 213/44.

1) Fesselung — auch im Gefangenen-S.-Wagen — wird angeordnet.

Unterschrift

6 J 84/44

Untersuchungsgef.

Transportzettel 2) 3) für die Gefangenen-Beförderung

Personalbeschreibung:

1. Familienname: Glasner
2. Vorname: Katharina
3. Stand oder Gewerbe: Ehefrau
4. Geburtstag: 4. 8. 1907
5. Geburtsort: Schrödlreuth
6. Größe: cm
7. Haare:
8. Augen:
9. Bart:
10. Zähne:
11. Besondere Kennzeichen:

...und eines für das ...ufenthaltsverbots ...ner anzugeben: 4)

14. Staatsangehörigkeit:
15. Ausweispapiere:

Die nebengenannte Straf- — ~~Untersuchungs~~ — ~~Schutzhaft~~-Gefangene — ~~Ausländer~~ soll auf Ersuchen des Oberreichsanwalts beim Volksgerichtshof vom 7. September 1944 Gesch.-Nr. 6 J 84/44 von hier nach Waldheim /Sa. befördert und in das Zuchthaus ~~Polizeigefängnis — Justizvollzugsanstalt — Konzentrationslager — Strafgefangenenlager~~ — ~~Arbeitserziehungslager~~ in Waldheim /Sa. eingeliefert — ~~der Grenzpolizeibehörde~~ ~~zur Überstellung über die Reichsgrenze nach~~ ~~übergeben~~ werden.

~~Er~~ — Sie — ist wegen Wehrkraftzersetzung ~~in Untersuchungshaft — Sicherungsverwahrung —~~ ~~Nachhaft~~ mit 7 Jahren ~~Monat~~ ~~Tag~~ Zuchthaus — ~~Gefängnis~~ bestraft.

Termin am: ./.

Alle beteiligten Behörden werden ersucht, die mit der Ausführung des Transportes beauftragten Beamten zu unterstützen.

1944 **Transportwege:**

Datum		Ort bzw. Bahnhof	Uhr	Datum		Ort bzw. Bahnhof	Uhr
22. 9.	Ab	Görlitzer Bhf.	7.47	22. 9.	An	Görlitz	13.28
23. 9.	Ab	Görlitz	11.29	23. 9.	An	Dresden	14.27
26. 9.	Ab	Dresden	11.45	26. 9.	An	Waldheim	15.58
	Ab				An		
	Ab				An		
	Ab				An		
	Ab				An		
	Ab				An		

1) Die Anordnung ist von der Absendeanstalt besonders zu unterschreiben und rot zu unterstreichen.
2) Bei Einziehung der Kosten von der Auftragsbehörde oder vom Gefangenen sind grüne Transportzettel zu verwenden.
3) Weißen Transportzettel nimmt die Empfangsanstalt oder Empfangsbehörde zu den Akten.
4) Vor dem Transport dieser Personen ist zu prüfen, ob nach den Ausweispapieren die Übergabe an die Behörde des ausländischen Staates sichergestellt ist.

Din A 4 210×297 mm (Transportzettel) Vordruck R Pol. ... 201.

Arbeitsverwaltung StrGef. Tegel

Abb. 36: Transportzettel für die Gefangenen-Beförderung für Katharina Glasner von Berlin nach Waldheim vom 18. September 1944 (Vorder- und Rückseite)

Zuchthäuser Waldheim

Eingeliefert – Gestellt

am 26. 9. 1944, 19 Uhr

von: Berlin

Vorstrafen usw.:

- .... × Zuchthaus,
- 1 × Gefängnis,
- .... × Haft,
- .... × Geldstrafe,
- .... × Sicherungsverwahrung,
- .... × Arbeitshaus,
- .... × Unterbringung in Heil- und Pflegeanstalt,
- .... × Unterbringung in Trinkerheilanstalt.

Letztmalig entlassen im Jahre: Stadelheim 1937

in:

(Rufname) (Familienname)

Katharina Glasner geb. Maier

geb. am 4.8.1907 in Schrödlreuth

bei München Beruf: Ehefrau

Bekenntnis: .... Wohnung: München-Waldtrudering,

Zuletzt polizeilich gemeldet: Wasserburger Landstr. 266/I

Ruf- und gegebenenfalls Geburtsname des Ehegatten: verh. Ludwig G. z. Zt. Wehrm. Zahl der Kinder: 1 15 J.

Name und Wohnung des nächsten Angehörigen (Eltern, Ehegatte usw.): Tochter: Rita Glasner w. o.

A

Gefangenenbuchnummer: 466-8525

Unterbringung:

Verteidiger:

Tatgenossen:

Heftrand

Vollstreckungsbehörde oder sonstige um Aufnahme ersuchende Behörde Geschäftszeichen	Strafentscheidung usw.	Straftat -Tatverdacht-	a) Art und soweit möglich Dauer bzw. Höchstdauer der zu vollstreckenden Strafe, Maßregel der Sicherung und Besserung oder sonstigen Freiheitsentziehung b) Anzurechnende Untersuchungshaft	Straf- oder Verwahrungszeit Beginn Tag und Tageszeit	Straf- oder Verwahrungszeit Ende Tag und Tageszeit	Neues Ende der Straf- oder Verwahrungszeit Tag und Tageszeit	Austrittstag und Tageszeit	Grund des Austritts
ORAw. Berlin 6 J 84/44	U. VGH in 29.8.1944	Wehrkraftzersetzung	7 Jahre Zuchthaus 7 J. EV. 277 Tg. gav.	29.8. 1944 Uhr T. - B. Min.	24.11. 1950 Uhr T. - E. Min.	Uhr Min. " "	Uhr Min.	
				Uhr Min.	Uhr Min.	Uhr Min. " "	Uhr Min.	
				Uhr Min.	Uhr Min.	Uhr Min. " "	Uhr Min.	
				Uhr Min.	Uhr Min.	Uhr Min. " "	Uhr Min.	
				Uhr Min.	Uhr Min.	Uhr Min. " "	Uhr Min.	
				Uhr Min.	Uhr Min.	Uhr Min. " "	Uhr Min.	

VollzO. A 28 Aufnahmebogen A.

Abb. 37: Aufnahmebogen des Zuchthauses Waldheim von Katharina Glasner vom 26. September 1944 u. a. mit der Angabe des Endes der siebenjährigen Haftzeit, dem 24. November 1950

KATHARINA GLASNER IM ZUCHTHAUS WALDHEIM

Nach ihrer Verurteilung zu sieben Jahren Zuchthaus wurde die Münchnerin Katharina Glasner nach Waldheim gebracht, um im dortigen Zuchthaus ihre Strafe zu verbüßen – mehr als 400 Kilometer entfernt von ihrer Heimat. Der kleine Ort liegt in Mittelsachsen, zwischen Dresden und Leipzig, von beiden Städten jeweils etwa 70 Kilometer entfernt. Ein für Katharina Glasner unbekannter und für damalige Verhältnisse weit entfernter Ort in einer für sie unbekannten Gegend.

Die zum traditionellen Rechtssystem gehörenden Justizanstalten waren wie die von der SS betriebenen Konzentrationslager ein fester Bestandteil des NS-Terrorapparates. Dabei standen die Zuchthäuser für noch härtere Strafen als die Gefängnisse.[10)]

Während der gesamten Haftzeit ihrer Mutter stand Rita mit ihr in Briefkontakt.[11)]

„Meine Mutter durfte in jedem Gefängnis, in dem sie war, einmal im Monat schreiben. Sie machte davon Gebrauch und ich schrieb zurück. Der Briefkontakt war von großer Bedeutung für mich und auch für meine Mutter. Wir haben immer auf Post gewartet."

Briefmarke NS-Zeit

10) Wachsmann, Nikolaus: Gefangen unter Hitler – Justizterror und Strafvollzug im NS-Staat, München 2004, Seite 9f.

11) Die Briefe sind zum Bedauern von Rita nicht erhalten geblieben. Briefe der ebenfalls in Waldheim inhaftierten Lina Wilhelm, mit der Katharina Glasner befreundet war, an deren Kinder, dagegen schon. Diese befinden sich im Besitz ihrer Enkelin Sylvia Sohr. Einer der Briefe (Vorderseite), den Lina Wilhelm aus dem Zuchthaus Waldheim an ihre Kinder schrieb, ist auf Seite 115 abgebildet.

Katharina Glasner traf 1944 in Waldheim auf selbst für ein Zuchthaus unerwartet unwürdige Zustände. Die ohnehin karge Versorgung hatte sich während des Krieges drastisch verschlechtert. Martin Habicht beschreibt die Situation wie folgt: „Die karge und einseitige Ernährung der Gefangenen führte häufig zu einer allgemeinen Schwächung des Körpers und zu Erscheinungen von Unterernährung. Diese Tendenz verstärkte sich nach Ausbruch des Krieges [...]. Mit dem Beginn des Krieges setzte in den Haftanstalten eine fast schlagartige Verschlechterung der Haftbedingungen ein. In erster Linie kam das in einer drastischen Verringerung der Essensrationen zum Ausdruck. Die ohnehin unzureichende Ernährungslage der Gefangenen verschlechterte sich weiter. Der Übergang zur Kriegsverpflegung konnte vor allem für ältere und kranke Häftlinge lebensbedrohliche Formen annehmen."[12)]

Der Historiker Nikolaus Wachsmann spricht von der Überfüllung vieler Strafanstalten bereits vor dem Krieg. Die Insassen waren „oft schmutzig, da die Waschmöglichkeiten begrenzt waren und die Kleidung nur unregelmäßig gewechselt wurde. Im Zuchthaus Waldheim waren rund 100 Männer gezwungen, in einer Gemeinschaftszelle zu leben, in der es laut einem Gefangenen ‚förmlich wie in einem Kaninchenstall' stank. Zellen waren oft voller Wanzen und es brachen etliche Epidimien aus." In den letzten Kriegsmonaten verschlechterten sich die Lebensbedingungen in den Strafanstalten weiter. Manche Gefangene „mussten die letzten Kriegsmonate mit einer Hungerdiät aus Wassersuppe überstehen."[13)]

12) Habicht, Martin: Zuchthaus Waldheim 1933–1945, Berlin 1988, Seite 22f. und 108.
13) Wachsmann, Nikolaus: Gefangen unter Hitler – Justizterror und Strafvollzug im NS-Staat, München 2004, Seite 82 und 376.

schreiben. Besuche von Angehörigen sind **nur** nach vorher **schriftlich** eingeholter und **erteilter** Genehmigung zulässig. Gegenstände jeder Art, vor allem Lebens- und Genußmittel, Zeitungen und Zeitungsausschnitte dürfen weder bei Besuchen mitgebracht noch zugeschickt werden. Geld oder Geldeswerte (Briefmarken) beizulegen ist **nicht** statthaft. Beim Abhandenkommen solcher beigefügten Werte wird kein Ersatz geleistet. Für **zulässige** Anschaffungen kann Geld **eingezahlt** werden. **Gegenteiliges** in Briefen oder Gesprächen ist unzutreffend. Die Angehörigen werden in ihrem eigenen Interesse vor Besuchern, die hier entlassen sind, gewarnt.

580.

Zuchthäuser Waldheim (Sachs), den 8. 10 1944

Meine lieben Kinder!
Gott zum Grüße mit 1 Korinther 10-13.
Eure Bildchen stehen vor mir und
in Gedanken bin ich bei euch meine
Lieben. Ich hoffe daß Ihr gesund und
munter seid und daß Ihr bei den
letzten Angriffen gut weggekommen
seid. Mir geht es gut. Psalm 60-13 und
die Hoffnung auf ein Wiedersehen gibt
uns immer neue Kraft und Mut Psalm 33-10
Was macht Ruthchen? Ist sie auch schön brav
und folgsam. Wie ist es mit der Wohnung
das bleibt alles so wie es ist und die Rente
wird beschlagnahmt aber sozial ich weiß
die Pension nicht. Also was du nicht zum
Haushalt brauchst muß für Ruths Ausbildung zurückgelegt werden. Hast du

5. 43 M/1666

Abb. 38: Brief von Lina Wilhelm aus dem Zuchthaus Waldheim an ihre Kinder vom 8. Oktober 1944 (Vorderseite)

In den ersten 6 Monaten bekommt der Gefangene nur in dringenden Fällen Erlaubnis zum Schriftverkehr. Nachher darf er aller 6 Wochen einen Brief schreiben und empfangen.

Sonderbriefe in kürzeren Zeitabständen werden nur zur Erledigung nachweisbar dringlicher Angelegenheiten genehmigt und ausgehändigt. Die Briefe an Gefangene müssen gut lesbar mit Tinte oder Maschine geschrieben sein und dürfen zwei Seiten großen oder vier Seiten kleinen Formats nicht überschreiten. Den Briefen Geld, Briefmarken oder Zeitungsausschnitte beizulegen ist nicht gestattet; bei Verlust wird nicht gehaftet. Ansichts- und Glückwunschkarten werden an Gefangene nicht ausgehändigt.

Pakete mit Lebens- und Genußmitteln sowie andere Gegenstände des täglichen Bedarfs werden (auch für die Festtage) nicht angenommen. Bücher und Kleidungsstücke für die Entlassung dürfen nur nach vorher eingeholter Genehmigung zugesandt werden.

Geld kann für Gefangene an die Anstaltskasse eingezahlt werden.

Der Gefangene darf frühestens 6 Monate nach der Einlieferung Besuch empfangen. Während des Krieges können Besuche nur für dringliche Angelegenheiten, die sich nachweisbar schriftlich nicht erledigen lassen, nach rechtzeitig schriftlich beim Anstaltsvorstand einzuholender Genehmigung gestattet werden.

Für Kinder unter 16 Jahren wird keine Besuchserlaubnis erteilt.

Jeder Mißbrauch des Besuchs, besonders das Zustecken von Geld, Briefen, Tabak oder Genußmitteln, hat den sofortigen Abbruch des Besuchs und Besuchssperre zur Folge.

Der Vorstand
der Zuchthäuser Waldheim (Sachs).

ZW. 304. M/1666.

Abb. 39: Briefbestimmungen des Zuchthauses Waldheim

Der Tiefpunkt der Zustände sollte für Katharina Glasner damit aber noch nicht erreicht sein. Doch zuvor gab ihr die Begegnung mit einer alten Bekannten etwas Auftrieb.

WEGBEGLEITERIN IN PRÜFUNGSREICHER ZEIT: THERESE BAADER

Eine besondere Wegbegleiterin war für Katharina Glasner ihre zwanzig Jahre ältere Glaubensschwester Therese Baader (Jahrgang 1887), ebenfalls aus München. Die beiden waren 1943 etwa zur gleichen Zeit festgenommen worden. Ihre Wege kreuzten sich dann in nicht weniger als vier verschiedenen Gefängnissen. In zwei dieser Haftanstalten teilten sie sich sogar die Gefängniszelle.

1943 waren sie im selben Münchner Gefängnis an der Ettstraße inhaftiert. Danach teilten sie sich eine Gefängniszelle im Münchner Strafgefängnis Stadelheim. Auch in Weilheim waren sie Zellengenossinnen. Fast zeitgleich wurden sie zu ihren Verhandlungen vor dem Volksgerichtshof nach Berlin überstellt. Die Verhandlung von Katharina Glasner fand am 29. August 1944 statt, die von Therese Baader einen Tag später, am 30. August 1944.

Therese Baader war selbstständige Geschäftsfrau; sie betrieb eine Büglerei in München. Im Jahre 1919 war sie aus der katholischen Kirche ausgetreten und hatte sich noch im selben Jahr als Bibelforscherin taufen lassen.

Therese Baaders Ehe, aus der eine Tochter hervorgegangen war, war 1925 geschieden worden. Zwischen Therese Baader und ihrer erwachsenen Tochter, die bei ihr lebte, bestanden Spannungen. Das war wohl der Grund, warum Therese Baader ihre Ersparnisse von damals beachtlichen 2.000 Reichsmark und einem wertvollen Herrenring aus Gold nicht ihrer Tochter, sondern der Familie Glasner anvertraute. Während ihrer ersten Inhaftierung, als sie Katharina Glasner kennenlernte, nannte sie Rita den Verwahrungsort und bat sie, die Werte für sie in Verwahrung zu nehmen. Rita übernahm diese Aufgabe und gab nach dem Krieg alles an Therese Baader zurück.

ERNEUTE BEGEGNUNG MIT THERESE BAADER

Therese Baader erhielt, wie Katharina Glasner, eine Zuchthausstrafe, die sie abermals in die Nähe von Katharina führte, in das Zuchthaus Waldheim, Mittelsachsen.

Therese Baader hatte ähnlich wie Katharina Glasner eine dramatische Gerichtsverhandlung vor dem VGH hinter sich, die einen Tag später, am 30. August 1944, stattgefunden hatte. Auch sie musste miterleben, wie eine mitangeklagte Zeugin Jehovas zum Tode verurteilt wurde. Das Urteil betraf die Münchner Musikerwitwe Therese Kühner. Das Urteil wurde am 6. Oktober 1944 in Berlin-Plötzensee vollstreckt.[14)]

Therese Kühner, hingerichtet 6. Oktober 1944

14) *Weitere Informationen zu Therese Kühner, siehe Anhang, Anmerkung 5.*

Gemäß Anklageschrift vom 8. Juli 1944 wurden insgesamt acht Zeugen Jehovas, darunter die Münchnerinnen Therese Baader, Therese Kühner und Anna Meyer[15)], angeklagt,

„... in den Jahren 1941 bis 1943 im Altreich sowie in den Alpen- und Donaugauen als Angehörige der Internationalen Bibelforscher-Vereinigung durch Verbreitung, zum Teil auch durch Herstellung von wehrfeindlichen Schriften öffentlich den Willen des deutschen Volkes zur wehrhaften Selbstbehauptung zu lähmen und zu zersetzen gesucht zu haben."

Über die Schriften der Zeugen Jehovas urteilte der Volksgerichtshof:

„Die Schriften der im Altreich seit 1933, später auch im ehemaligen Bundesstaat Österreich verbotenen ‚Internationalen Bibelforscher-Vereinigung' (IBV) enthalten eine wüste Hetze gegen alle Einrichtungen der nationalsozialistischen Staatsführung. Auch wird in ihnen dazu aufgefordert, sich jeder ‚Einmischung' in den Krieg zu enthalten und den Wehrdienst sowie die Arbeit in der deutschen Rüstungsindustrie zu verweigern."[16)]

Nun begegneten sich Therese Baader und Katharina Glasner nach ihrer Verurteilung durch den Volksgerichtshof erneut – im Zuchthaus Waldheim. Der gemeinsame Aufenthalt sollte jedoch nur von kurzer Dauer sein.

15) Weitere Informationen zu Anna Meyer, siehe Anhang, Anmerkung 6.
16) Anklageschrift des Volksgerichtshofes gegen Therese Baader und weitere Zeugen Jehovas vom 8. Juli 1944, Archiv der Zeugen Jehovas, Selters/Ts.

Abb. 40: Therese Baader, rechts im Bild (mit Sonnenbrille, hinter dem Jungen in Lederhose), bei einem Ausflug einer Gruppe von Zeugen Jehovas (17.9.1960)

DAS SCHWERE LOS DER HILDE SCHÄFER UND DER BEGINN EINER FREUNDSCHAFT

Im Zuchthaus Waldheim machte Katharina Glasner die Bekanntschaft mit einer weiteren Zeugin Jehovas, die gemeinsam mit Therese Baader verurteilt worden war: Hildegard Schäfer (1914–2004) hatte bereits vor ihrer Verurteilung durch den VGH die Verfolgung durch das NS-Regime auf besonders harte Weise erfahren müssen. Ihr Vater und ihre Mutter wurden als Zeugen Jehovas inhaftiert, der Vater mehrmals.

Am 25. August 1935 heiratete die noch ledige, 21-jährige Hilde Hempel den Zeugen Jehovas Fritz Weigoldt. Am 9. September 1936 wurde den beiden ihr Sohn Hans geboren. Anfang April 1937, also nur etwa ein halbes Jahr nach der Geburt, wurde Fritz Weigoldt verhaftet und nach weiteren zwei Monaten von der Gestapo im Polizeigefängnis Dresden ermordet.

Als ob der jungen Frau noch nicht genug Leid angetan worden wäre, wurde Hilde Weigoldt nur wenige Wochen später wiederholt von der Gestapo vernommen. Sie schrieb: „Da die Wunden in meinem Herzen über die Ermordung meines Mannes durch die Gestapo noch nicht verheilt waren, bedeutete dies für mich große seelische Qualen."[17] Im Januar 1938, also nur ein gutes halbes Jahr nach dem Verlust ihres Mannes, kam sie für vier Monate in Einzelhaft und musste dabei außerdem die schmerzhafte Trennung von ihrem einjährigen Sohn erleiden.

Vier Jahre später, im Januar 1942, heiratete Hilde Weigoldt den ehemaligen Schulfreund ihres ersten Mannes. Auch Walter Schäfer (*28. November 1910) hatte als Zeuge Jehovas bereits eine Haftstrafe hinter sich.

Die relativ glückliche Zeit des jungen Paares sollte aber ebenfalls nur von kurzer Dauer sein. Wenige Monate nach ihrer Eheschließung, im Mai 1942, erhielt Walter Schäfer einen Einberufungsbefehl, den er aus seiner christlichen Überzeugung ablehnte. Walter Schäfer wurde vom Reichskriegsgericht wegen Kriegsdienstverweigerung zum Tode

17) Bericht von Hilde Schäfer vom 11. Juni 1960, Archiv der Zeugen Jehovas, Selters/Ts.

Abb. 41: Hilde Schäfer (verwitwete Weigoldt) mit Sohn Hans Weigoldt (1942, wahrscheinlich während der kurzen glücklichen Phase nach der Eheschließung mit Walter Schäfer)

verurteilt und am 26. September 1942 in Brandenburg enthauptet. Nun war Hilde Schäfer wieder verwitwet. Aus der kurzen Ehe ging die Tochter Ingrid hervor. Auch Hildes Vater erhielt das Todesurteil, das aber nicht vollstreckt wurde.

Die in jeder Hinsicht gefühl- und rücksichtslose Behandlung von Hilde Schäfer war damit aber immer noch nicht abgeschlossen. Im November 1943 kam die Gestapo, durchsuchte ihre Wohnung und verhaftete sie erneut. Die handgeschriebenen Abschiedsbriefe ihres zweiten Mannes Walter Schäfer wurden von der Gestapo beschlagnahmt. Nun musste Hilde zwei kleine Kinder zurücklassen. Sie kam in Einzelhaft in das Polizeigefängnis Dresden, wo sie wiederholt sehr belastenden Verhören unterzogen wurde. Dazu Hilde: „Nach diesen Verhören bin ich völlig zusammengebrochen in meiner Zelle gelandet. Ich war nicht mehr im Stande, zu essen, da mein Magen nichts mehr aufnahm."[18)]

Im Januar 1944 wurde sie in das Polizeigefängnis an der Ettstraße in München überführt, dann nach Stadelheim. Im Gefängnis Landshut erhielt sie ihre Anklage wegen Wehrkraftzersetzung. Hilde Schäfer wurde vom VGH zu sieben Jahren Zuchthaus verurteilt und kam in das Zuchthaus Waldheim, wo sie Katharina Glasner kennenlernte.

Obwohl der gemeinsame Aufenthalt von Katharina Glasner und Hilde Schäfer in Waldheim nur von kurzer Dauer war, entwickelte sich eine enge Freundschaft, die sich nach dem Krieg fortsetzte.

18) Ebd..

STRAFVERSCHÄRFUNG NACH ABLEHNUNG VON ARBEITEN FÜR DIE RÜSTUNGSINDUSTRIE

Der Krieg hatte auch Auswirkungen auf die Gefangenen in den Strafanstalten, die immer mehr als Arbeitskräfte ausgebeutet wurden.

„Der Einsatz der Insassen in der Kriegswirtschaft wurde von der Justiz unermüdlich ausgebaut, in den bestehenden Strafanstalten ebenso wie in den expandierenden Außenlagern. [...]. Die Frauenstrafanstalten waren von dieser Entwicklung nicht ausgenommen. In den ersten Kriegsjahren verrichteten viele weibliche Häftlinge noch traditionelle Arbeiten [...]. Später wurden aber immer mehr Frauen direkt in der Rüstungsindustrie eingesetzt [...]. Oberstes Ziel war der totale Einsatz der Gefangenen, Männer wie Frauen, für die deutsche Kriegsmaschine.“[19)]

Wie hoch der Einsatz von Gefangenen zu Kriegszwecken bewertet wurde, zeigt sich daran, dass Gefängnisbeamte sogar Statistiken frisierten, indem sie andere Tätigkeiten als Rüstungsproduktion deklarierten.[20)]

Katharina Glasner war von dieser Situation nicht ausgenommen:

„Meine Mutter erzählte mir, dass sie in Waldheim wiederholt aufgefordert wurde, in einer Munitionsfabrik zu arbeiten, was sie aber ablehnte.“

19) Wachsmann, Nikolaus: Gefangen unter Hitler – Justizterror und Strafvollzug im NS-Staat, München 2004, Seite 239, 244.
20) Ebd., Seite 243.

Zur Strafe kam sie auf einen sogenannten Schwarztransport. Mit etwa 50 Personen wurde sie in ein Außenlager des Zuchthauses Waldheim gebracht. Hier herrschten besonders schlimme Verhältnisse. Lina Wilhelm war ebenfalls aufgefordert worden, in einer Munitionsfabrik zu arbeiten. Sie lehnte das genauso ab, konnte aber im Zuchthaus Waldheim bleiben. Ob auch Hilde Schäfer dazu aufgefordert wurde, ist gegenwärtig nicht bekannt. Der Einsatz von Gefangenen außerhalb der Strafanstalten hatte schon vor dem Krieg stark zugenommen.

„Viele Häftlinge wurden jeden Morgen von ihrem Gefängnis oder Zuchthaus zu einer Baustelle gebracht, oder sie wurden auf Dauer in Außenlagern untergebracht. [...] Im Sommer 1944 befanden sich 22.890 oder 15 Prozent aller Gefangenen im Altreich in Außenlagern [...]. Besonders auffällig war der Trend zur Verlegung in Außenlager bei den weiblichen Gefangenen [...] im Sommer 1944 [waren es] 25,5 %.“[21)]

In dem Lager mussten die Gefangenen Zwangsarbeit leisten. Katharina hatte ihrer Tochter Rita erzählt, dass in dem von Hunden bewachten Lager furchtbare Zustände herrschten. Sie bekamen nur sehr wenig zu essen, oft nur Wasser mit wenig Rüben. Außerdem sei es im Winter 1944/45 dort sehr kalt gewesen, sodass die Häftlinge frieren mussten.

Hilde Schäfer bestätigte, dass Katharina Glasner vom Zuchthaus Waldheim aus mit einem sogenannten Schwarztransport in ein Außenlager gebracht wurde:

21) Ebd., Seite 91 und 244f.

Ausfertigung.

Versicherung an Eides Statt.

Heute, am fünften Dezember neunzehnhunderteinundfünfzig

5.12.1951

erscheint vor mir, Leiter der Zweigstelle Oberbayern des Bayerischen Landesentschädigungsamtes Moritz Abusch, in der Amtsstelle München, Goethestrasse 64/I

Frau Therese B a a d e r, geborene Hirmer, geboren am 23.3.1887 in Rhanwalting, wohnhaft in München, Tegernseerlandstrasse 42/III, ausgewiesen durch deutsche Kennkarte Nummer B X 00493, ausgestellt am 24.8.1946 vom Polizeipräsidium in München.

Die Beteiligte ersucht mich um Beurkundung nachstehender Versicherung an Eides Statt.

Nachdem ich die Erschienene über die Bedeutung einer eidesstattlichen Versicherung belehrt und auf die strafrechtlichen Folgen einer falschen eidesstattlichen Erklärung, sowie auf die Strafbestimmungen der §§ 48 und 49 des Entschädigungsgesetzes hingewiesen habe, erklärte sie an Eides Statt:

" Ich kenne Frau Katharina G l a s n e r, geboren 4.8.1907 in Schrödelreuth, wohnhaft in München, Wasserburgerlandstrasse 266 persönlich seit dem Jahre 1943, als wir zusammen im Polizeigefängnis München - Ettstrasse inhaftiert waren. Ich sah sie zum ersten Mal im Treppenhaus im Polizeigefängnis. Frau Glasner fiel mir auf, da sie ein ganz blutunterlaufenes Gesicht hatte. Später kamen wir im Gefängnis München -Stadelheim in einer Zelle zusammen und Frau Glasner sagte mir, dass sie in der Gestapo München,Briennerstrasse misshandelt worden war. Ich sah auch, dass man sie am Körper ganz schrecklich zugerichtet hatte, besonders an der rechten Seite. Sie musste jeden Tag zur Ärztin (Frl. Megele) um ihre eiterigen Schlagwunden verbinden zu lassen.
Im Januar 1944 kam ich in das Gefängnis Weilheim. In meiner dortigen Zelle befand sich bereits Frau Glasner. Frau Glasner erlitt dort eine Gallenkolik und sie behauptete damals, dass diese das erste Mal aufgetreten sei. In Weilheim bekamen wir in der Hauptsache Dörrgemüse, das nur gebrüht war. Es war ausserdem sandig.
Im September 1944 kam ich in das Zuchthaus Waldheim, wo ich wiederum mit Frau Glasner kurze Zeit zusammen traf. Frau Glasner wurde dann aus der Zelle fortgeholt und ich sah sie erst nach der Befreiung im Jahre 1945 vollkommen abgemagert und entstellt wieder. Sie erzählte mir damals, dass sie in einem Lager an der tschechischen Grenze inhaftiert gewesen sei und beim Heranrücken russischer Truppen mit ganz dünner Kleidung und Holzschuhen zurückmarschieren musste.Als die Gefangenen im Zuchthaus Waldheim wieder eintrafen, waren sie ohne Schuhe und bis zum Skelett abgemagert."

Vorgelesen vom Leiter der Zweigstelle, von den Beteiligten genehmigt und eigenhändig unterschrieben.

wenden!

...nchen, d...

gez.M.Abusch
....
...busch,Leiter der Zweigstelle

gez. Therese Baader
....
Therese Baader

...ehende Ausfertigung stimmt mit der Urschrift überein.
...en, den 5.12.1951.

(M.Abusch)

125

Abb. 42: Eidesstattliche Erklärung von Therese Baader vom 5. Dezember 1951 über ihre Begegnungen mit Katharina Glasner in verschiedenen Gefängnissen und darüber, wie Katharina Glasner dort behandelt wurde.

„Wir erfuhren dann, daß der Schwarztransport, bei dem sie war, flüchten musste und sie wochenlang mit zerrissenen Sommerkleidern und ohne Schuhe im Zuchthaus bei Kriegsende ankam. Die Gefangenen hatten übermenschliche Strapazen, oft tagelang nichts zu essen, mitzumachen.“[22]

Eine Inhaftierte berichtete über die Zustände im „Außenlager Coswig“: „Wir hungerten noch mehr als im Zuchthaus, da die Beamtinnen die uns zugeteilten Lebensmittel für sich zusammenhamsterten. So erhielten wir zum Beispiel eine Woche lang als Mittagessen nur Rübenwasser ohne Salz oder anderen Zusatz.“[23] Das Zuchthaus Waldheim hatte in den Jahren 1943 bis 1945 insgesamt sechs Außenlager. In den Zuchthausdokumenten befinden sich bezüglich Katharina Glasner jedoch keine entsprechenden Einträge. Da das Zuchthaus Waldheim stark überfüllt war, kam das Personal mit der Aktenführung nicht immer nach. Im Zugangsbuch des Zuchthauses Waldheim befindet sich lediglich der Vermerk, dass Katharina Glasner am 4. April 1945 in das „Zuchthaus Coswig“ überstellt wurde. Dabei handelte es sich jedoch nicht um ein Außenlager, sondern um ein eigenständiges Zuchthaus.[24] Aber offenbar wurde das Zuchthaus von den Gefangenen als Außenlager wahrgenommen, wie das obige Zitat einer Inhaftierten bestätigt, indem sie vom „Außenlager Coswig“ sprach.

Rita erinnert sich, dass ihre Mutter den Namen Coswig erwähnte. Allerdings passt die zeitliche Zuordnung nicht. Nach den Angaben von Katharina Glasner wurde sie deutlich vor April 1945 in ein Außenlager überstellt.

22) *Hilde Schäfer in ihrer Erklärung an das Bayerische Landesentschädigungsamt, München, undatierte Kopie, möglicherweise aus dem Jahr 1951 (analog Erklärung Therese Baader).*
23) *Habicht, Martin: Zuchthaus Waldheim 1933–1945, Berlin 1988, Seite 166.*
24) *Auskunft Staatsarchiv Leipzig, Frau Doreen Etzold, vom 14. und 16. Juli 2014. Die sechs Außenlager befanden sich in Siegmar, Chemnitz, Zeithain, Pegau, Groitzsch und Munzig.*

„Meine Mutter hat vom Zuchthaus Waldheim, vom Schwarztransport erzählt und von den Verhältnissen im Außenlager. Sie nannte dabei auch den Namen Coswig.“

Durch schriftliche Erklärungen mehrerer Häftlinge ist dokumentiert, dass Katharina Glasner nur kurze Zeit im Zuchthaus Waldheim war und dann unter miserablen Bedingungen an einem anderen Ort, nach Aussage von Katharina Glasner einem Außenlager des Zuchthauses Waldheim, inhaftiert war. Nachdem die Eintragungen im Zugangsbuch des Zuchthauses Waldheim in dieser Zeit nicht zuverlässig geführt wurden, ist anzunehmen, dass sie noch 1944 in ein Außenlager überstellt wurde, ob das bereits Coswig war oder ob sie erst später nach Coswig kam, also zwischenzeitlich in einem anderen Außenlager war, kann heute nicht mehr festgestellt werden.

Wie Rita berichtet, war während der mehrfachen gemeinsamen Inhaftierungen eine enge Freundschaft zwischen Katharina Glasner und Therese Baader entstanden. Durch die gemeinsamen prüfungsreichen Zeiten hatte sich ein enges Vertrauensverhältnis entwickelt. Kann es einen größeren Beweis der Vertrauenswürdigkeit geben als Verfolgung und Gefängnishaft in Kauf zu nehmen, um moralischen Wertvorstellungen treu zu bleiben? Die Freundschaft setzte sich nach dem Krieg fort.

ENDLICH EIN BRIEF VOM VATER

Als Katharina Glasner 1943 erneut verhaftet wurde, war ihr Mann noch in Osteuropa. Rita sah ihren Vater mehrere Jahre nicht. Wegen der Kriegsverhältnisse erreichten seine Briefe die Tochter in München nicht mehr. Rita befürchtete zwischenzeitlich, er sei vermisst.

Doch Anfang 1945 erhielt sie einen Brief. Ihr Vater hatte zwei Wochen Urlaub bekommen und wollte diesen nutzen, um endlich wieder seine Familie zu sehen. Er reiste in völliger Ungewissheit nach München und war sich noch nicht einmal sicher, ob seine Frau und seine Tochter überhaupt noch lebten. In München angekommen, erfuhr er von der Inhaftierung seiner Frau in Waldheim und der Situation seiner Tochter.

Gefängnis Waldheim

BESUCH BEI KATHARINA GLASNER IM ZUCHTHAUS WALDHEIM

Ludwig Glasner beschloss, gemeinsam mit Rita mit dem Zug nach Waldheim bei Dresden zu reisen, um seine Frau im Zuchthaus zu besuchen. In Begleitung von Ritas Vormundin Franziska Ziss fuhren die beiden über Regensburg nach Waldheim. Dort angekommen, beantragte Ludwig Glasner am 2. Februar 1945 bei der „Straf- und Sicherungsanstalt Waldheim“ eine Besuchserlaubnis, die einen Tag später, am 3. Februar erteilt wurde. Auf dem Genehmigungschein heißt es bezüglich Katharina Glasner: „Morgen vom [Gefängniswärter] Roßwein[25] bringen lassen." Überglücklich sahen Rita und ihr Vater die Mutter bzw. Ehefrau wieder.

Rita erinnert sich, dass sich ihre Mutter auch zu dieser Zeit in einem Außenlager befand. Ihr wurde erlaubt, wegen des angekündigten Besuches ihrer Familie kurz mit der Bahn zurück in das Zuchthaus Waldheim zu fahren.

Ludwig Glasner mit Tochter Rita und Franziska Ziss durften insgesamt nur etwa 15 bis 20 Minuten mit Katharina Glasner sprechen. Weil sie zu dritt waren, wurden sie nicht von einem, sondern von zwei Wachtmeistern bewacht. Den Häftlingen war es nicht erlaubt, über sich zu sprechen. Deshalb berichtete Ritas Vater über seine Erlebnisse in Russland und Rita über die Verhältnisse in München. Die Gesprächszeit war sehr schnell vorüber.

Ritas Erinnerungen werden bestätigt durch den Bericht von Martin Habicht, der die Besuchsbedingungen im Zuchthaus Waldheim wie folgt beschreibt: „Diese Besuche mussten bei der Zuchthausleitung beantragt werden, die die Genehmigung, das heißt eine Besuchserlaubnis erteilte. Etwa 15 Minuten konnten die Gefangenen mit ihrem Ehepartner, mit Vater oder Mutter, mit Sohn, Tochter oder anderen Angehörigen sprechen. Die Gespräche wurden von einem Wachtmeister überwacht. Genau wie bei den Briefkontakten war es strengstens untersagt, sich über Probleme der Haft oder über politische Fragen auszutauschen."[26]

25) Zum Namen Roßwein vergleiche Abbildung 43, Seite 132.
26) Habicht, Martin: Das Zuchthaus Waldheim 1933–1945, Berlin 1988, Seite 93.

Der Abschied fiel allen schwer, wussten sie doch nicht, ob und wann sich die Familie wiedersehen würde. Die Heimfahrt war beschwerlich. In Regensburg gab es keinen Anschlusszug nach München. Auf Pferdewagen und zu Fuß gelangten sie schließlich wieder nach München. Mit dem Ende seines Urlaubs musste Ludwig Glasner wieder zurück an seine Arbeitsstelle. Dabei wusste er zu dieser Zeit nicht, wohin. Dazu Rita:

„In dieser Zeit, als es dem Kriegsende zuging, war alles schon zerstreut."

Ludwig Glasner überlegte, sich in München versteckt zu halten. Aber er wurde immer wieder kontrolliert. Obwohl er bereits seit mehreren Jahren für ein der Wehrmacht unterstelltes Unternehmen arbeitete, belastete es ihn, dass er einer Tätigkeit nachging, die seinen moralischen Vorstellungen widersprach. Doch das Risiko erschien ihm zu groß, sodass er wieder wegfuhr. Auch in dieser Phase fehlte ihm die Kraft, nein zu sagen.

Wieder musste Rita Abschied nehmen.

1945: IN HOLZSCHUHEN, DANN BARFUSS IM WINTER

Als die Russen im Anmarsch waren, musste Katharina wieder zurück nach Waldheim. Zunächst hatte Katharina Holzschuhe an, dann ging sie barfuß weiter. Unter schwer bewaffneter Aufsicht zu Fuß im Winter und ohne Schuhe!

„Meine Mutter hätte das bald nicht überlebt.“

Therese Baader berichtete später, dass Katharina Glasner nach der Befreiung „vollkommen abgemagert und entstellt“ gewesen sei. „Sie [Katharina Glasner] erzählte mir damals, daß sie in einem Lager an der tschechischen Grenze inhaftiert gewesen sei und beim Heranrücken russischer Truppen mit ganz dünner Kleidung und Holzschuhen zurück marschieren musste. Als die Gefangenen im Zuchthaus wieder eintrafen, waren sie ohne Schuhe und bis zum Skelett abgemagert.“[27)]

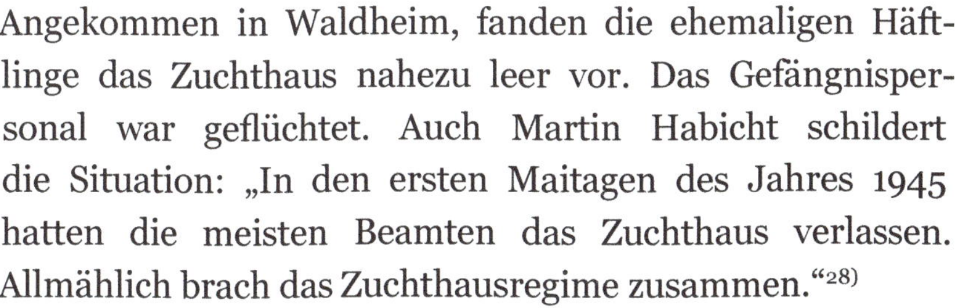

Vormarsch der Roten Armee

Angekommen in Waldheim, fanden die ehemaligen Häftlinge das Zuchthaus nahezu leer vor. Das Gefängnispersonal war geflüchtet. Auch Martin Habicht schildert die Situation: „In den ersten Maitagen des Jahres 1945 hatten die meisten Beamten das Zuchthaus verlassen. Allmählich brach das Zuchthausregime zusammen.“[28)]

Aus diesem Grund hatte Ritas Mutter freien Zugang zu ihren Häftlingsdokumenten. Körperlich am Ende war sie doch – wie einige andere ehemalige Häftlinge – so geistesgegenwärtig, die zahlreichen Zuchthauspapiere an sich zu nehmen, einschließlich des Personalaktendeckels und des Urteils des Volksgerichtshofes.

„Mutter hatte nur noch ein Ziel: zurück zur Familie nach München.“

27) Eidesstattliche Erklärung Therese Baader vom 5. Dezember 1951 (vgl. Abb. 42, Seite 125). Die Angabe der tschechischen Grenze ist aus der damaligen Sicht einer Münchnerin nachvollziehbar. Coswig liegt etwa 50 Kilometer von der tschechischen Grenze entfernt.

28) Habicht, Martin: Das Zuchthaus Waldheim 1933–1945, Berlin 1988, S. 173.

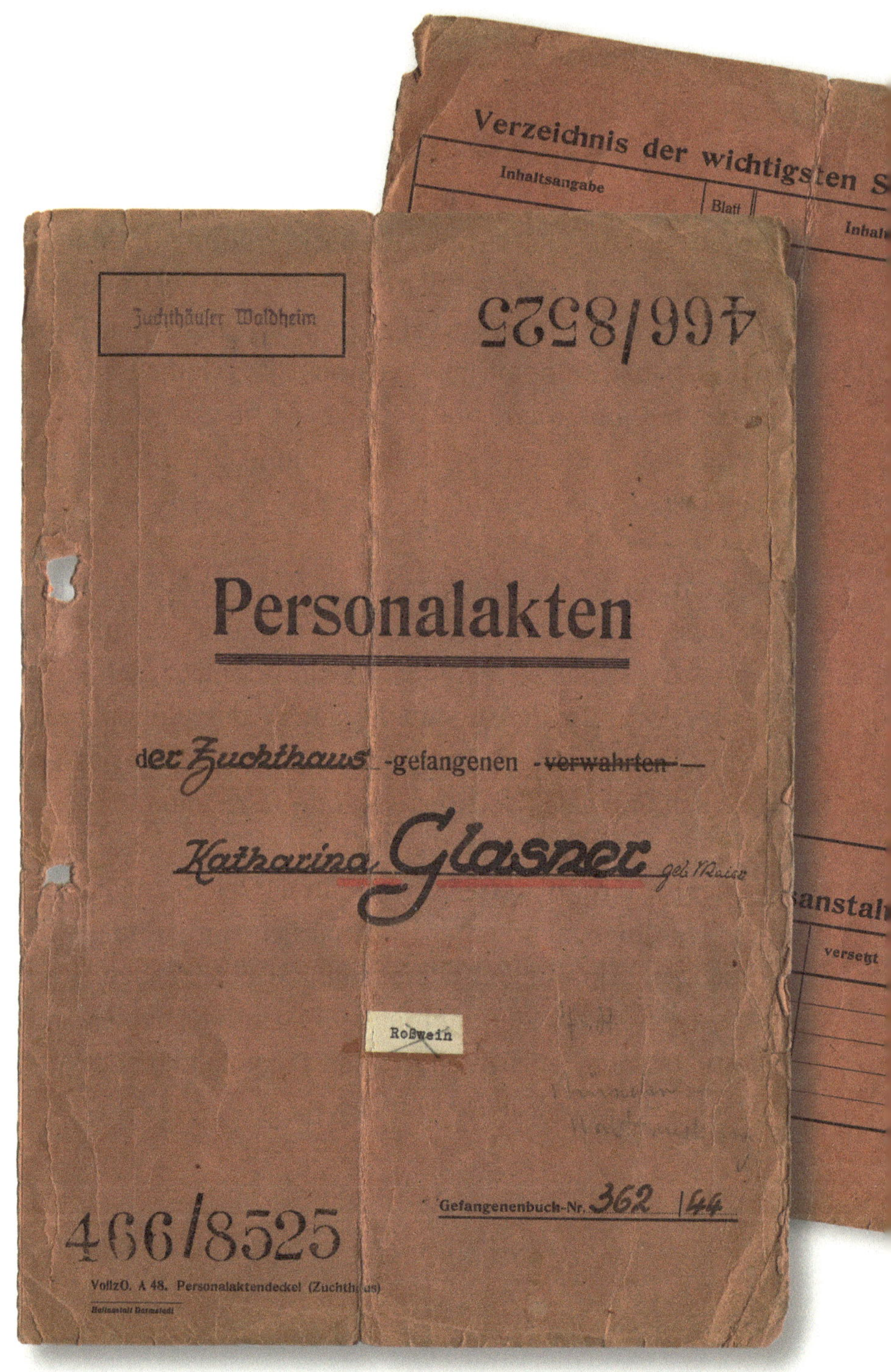

Abb. 43: Personalaktendeckel von Katharina Glasner im Zuchthaus Waldheim

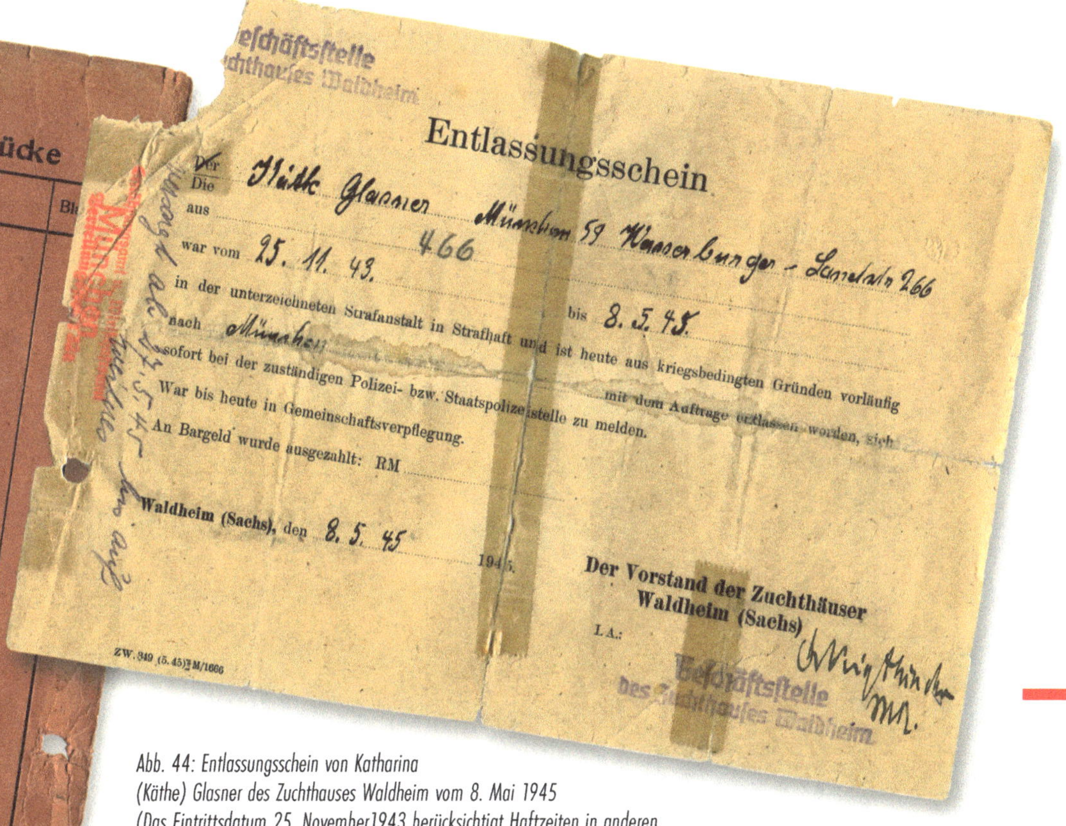

Geschäftsstelle
des Zuchthauses Waldheim

Entlassungsschein

Die Käthe Glasner
aus München 59 Wasserburger-Landstr. 266
war vom 25. 11. 43. 466
in der unterzeichneten Strafanstalt in Strafhaft bis 8. 5. 45. und ist heute aus kriegsbedingten Gründen vorläufig nach München mit dem Auftrage entlassen worden, sich sofort bei der zuständigen Polizei- bzw. Staatspolizeistelle zu melden.
War bis heute in Gemeinschaftsverpflegung.
An Bargeld wurde ausgezahlt: RM ....

Waldheim (Sachs), den 8. 5. 45 1945.

Der Vorstand der Zuchthäuser
Waldheim (Sachs)
I. A.:

Geschäftsstelle
des Zuchthauses Waldheim

ZW. 349 (5. 45) M/1666

Abb. 44: Entlassungsschein von Katharina (Käthe) Glasner des Zuchthauses Waldheim vom 8. Mai 1945 (Das Eintrittsdatum 25. November1943 berücksichtigt Haftzeiten in anderen Gefängnissen. Der tatsächliche Eintritt im Zuchthaus Waldheim war der 26. September 1944.)

NICHT ÜBERWÄLTIGT

Als Hitler bereits sechs Jahre regierte und etwa sieben Monate bevor der Zweite Weltkrieg ausbrach, erklärten die Zeugen Jehovas 1939 eine Aussage des biblischen Propheten Jeremia zu ihrem Jahresmotto: „Sie werden dich nicht überwältigen“ (Jeremia, Kapitel 1, Vers 19).

Abb. 45: Von den 25.000 Zeugen Jehovas, die zu Beginn des NS-Regimes 1933 in Deutschland dokumentiert sind, wurden während der NS-Zeit etwa 9.000 inhaftiert, davon 2.800 in Konzentrationslagern. Circa 1.000 starben infolge der NS-Verfolgung, davon 270 durch Hinrichtung. Doch Hitler erreichte nicht sein erklärtes Ziel, die Glaubensgemeinschaft zu vernichten. 1948, nur drei Jahre nach dem Ende des NS-Regimes, stieg die Zahl der Zeugen Jehovas in Deutschland auf mehr als 36.000. Und heute sind in Deutschland 165.000 Zeugen Jehovas missionarisch aktiv. Auf dem Bild sind Hitler, weitere Diktatoren und Religionsführer im Angriff auf Jehovas Zeugen abgebildet. Der biblische Begriff Zion steht für die Herrschaft Gottes. Das Jahresmotto 1939 (sogenannter Jahrestext) und das Bild wurden im deutschsprachigen Wachtturm vom 15. Februar 1939 veröffentlicht.

KAPITEL 6

Die Entwicklungen nach der NS-Zeit – Täter und Opfer –

„Wir dürfen niemanden verurteilen, weil wir nicht beurteilen können, warum jemand anders gehandelt hat als wir."

(Katharina Glasner im Jahre 1945 zu Rita)

Im Mai 1945, Rita kann sich nicht mehr an das genaue Datum erinnern, erschien eine Frau in der Wohnung von Familie Ziss, um Rita abzuholen. Rita war völlig unvorbereitet, als ihre Mutter nach eineinhalb Jahren Haft wieder frei war und zurück nach München kam. Innerlich zerrissen, kann Katharina Glasner keine positiven Gefühle für die Familie Ziss entwickeln, die sich ihrer Tochter angenommen hatte. Sie möchte sofort mit Rita zurück in ihre Wohnung an der Wasserburger Landstraße 266. Dabei ist zu berücksichtigen, in welchem physischen und psychischen

Zustand sich Katharina Glasner nach zwölf Jahren Verfolgung befand. Natürlich war die Wiedersehensfreude trotzdem groß:

„Das Wiedersehen mit meiner Mutter war ein wunderbares Erlebnis. Es hat mich emotional sehr berührt."

Nachdem Rita bei Familie Ziss eingezogen war, hatte der NSDAP-Ortsgruppenleiter Waldtruderings die Wohnung von Familie Glasner an eine andere Familie vermietet. Als Katharina Glasner nach ihrer Befreiung wieder in München war, konnte sie dennoch mit Rita in die alte Wohnung einziehen. Die amerikanische Militärregierung hatte angeordnet, dass die neuen Bewohner die Wohnung räumen mussten.

Rita und ihre Mutter waren sehr glücklich darüber, dass sie wieder zusammen waren und in ihr altes Zuhause einziehen konnten. Wohnungen waren nach dem Krieg Mangelware. Doch in welchem Zustand befand sich die Wohnung?

„Wir hatten während des Krieges nahezu alles in der Wohnung zurücklassen müssen. Und nun war das verschwunden, unsere gesamten persönlichen Sachen waren nicht mehr da. Nur die Möbel befanden sich noch in der Wohnung, aber in einem sehr schlechten Zustand."

Abb. 46: Katharina Glasner (ca. 1960)

Angesichts der Wiedersehensfreude und der allgemeinen Auswirkungen des Krieges spielten solche Aspekte nur eine untergeordnete Rolle. Doch die Begeisterung über die Rückkehr der Mutter erhielt nach kurzer Zeit einen starken Dämpfer, als für Rita sichtbar wurde, dass die Unterdrückung der vergangenen zwölf langen Jahre nicht spurlos an ihrer Mutter vorübergegangen war.

„Meine Mutter war psychisch fertig. Besonders der mit den Todesmärschen vergleichbare Schwarztransport hatte meiner Mutter stark zugesetzt. Sie hatte sich nicht im Griff wie früher. Das hat mich sehr belastet.“

Es sollten weitere Belastungen folgen, die mit der jahrelangen Verfolgung und Misshandlung von Katharina Glasner zusammenhingen.

FREUNDSCHAFTLICHE AUFNAHME IN MÜNCHEN

Ludwig Glasner kam erst im Herbst 1945 zurück nach München. Als Deutscher in Russland hatte er sich zeitweise verstecken müssen. Über die Tschechoslowakai gelang ihm schließlich die Rückkehr.

Die Anwesenheit des Vaters wirkte in dieser weiteren schwierigen Phase entspannend. Rita erinnert sich im positiven Sinne, dass ihr Vater sehr ruhig war, als er zurückkam. Er brachte wieder Stabilität und Ruhe in die Familie, nachdem Ritas Mutter durch die jahrelangen Belastungen aus der Verfolgung angespannt und reizbar geworden war. So veränderte sich das Familiengefüge. Im Krieg war Katharina die Couragierte, die durchgehalten hatte, während sich bei Ludwig Schwächen zeigten. Nun war Katharina geschwächt und Ludwig gab ihr die nötige Unterstützung.

Die Aufnahme von Ludwig Glasner durch seine Familie und seine Mitgläubigen war herzlich und freundlich. Alle seien sehr verständnisvoll gewesen, erinnert sich Rita, es seien keine Vorwürfe geäußert worden. Ludwig Glasner hatte in all den Jahren seine christliche Überzeugung nicht aufgegeben, wenngleich er unter Druck Kompromisse eingegangen war.

Abb. 47: Ludwig und Katharina Glasner (1965)

Umso mehr setzte er sich nach dem Krieg ein, die christliche Botschaft des Friedens zu verbreiten. Ritas Vater sprach nur wenig über die Kriegsjahre. Er wollte Rita, mit der er emotional sehr verbunden war, nicht noch mehr mit Gedanken aus dieser schrecklichen Zeit belasten. Und wahrscheinlich war es ihm auch unangenehm, über seine Jahre im Ausland zu sprechen, hatte er doch durch seine Mitarbeit in der Organisation Todt die hohen biblischen Grundsätze verletzt, die in der Familie Glasner eine große Rolle spielten.

Noch etwas anderes bewegte die Familie: Wie konnte sie in ihrer früheren Umgebung weiterleben, in der sie während der NS-Zeit aus allen Richtungen Ablehnung und Verfolgung erfahren hatte? Katharina Glasner gab ihrer Tochter Rita den Rat, niemanden zu verurteilen, „weil wir nicht beurteilen können, warum jemand anders gehandelt hat."

Diese Einstellung bildete die Grundlage der sozialen Beziehungen der Familie nach dem Ende des NS-Regimes, selbst gegenüber dem Gestapo-Beamten, der Katharina Glasner schwer gefoltert hatte. Sie verspürte kein Verlangen, Gerhard Grimm das ihr zugefügte Leiden zurückzuzahlen. Als Katharina dagegen aufgefordert wurde, im Rahmen der Ermittlungen für das Spruchverfahren gegen Grimm auszusagen, war sie dazu bereit, weil sie das als ihre Pflicht betrachtete. Ob sie Jahre später im Gerichtsverfahren gegen Gerhard Grimm aussagte, ließ sich auf der Grundlage der eingesehenen Dokumente nicht mehr feststellen. Soweit sich Rita erinnern kann, hat ihre Mutter nicht ausgesagt. Die nachsichtige Haltung prägte auch das Verhalten innerhalb der Familie Glasner nach dem Krieg.

Abb. 48: Rita Glasner im Alter von 17 Jahren (1947)

Bei Katharina Glasner hatten die Strapazen der jahrelangen Verfolgung tiefe Wunden hinterlassen, woran sie noch lange zu tragen hatte und was manche Sorgen nach sich zog. So war es für ihren Mann und ihre Tochter in den Nachkriegsjahren nicht immer leicht, mit der schwer belasteten Ehefrau und Mutter und den daraus resultierenden Konflikten umzugehen. Rita berichtet, dass sich ihre Mutter auch in dieser weiteren schwierigen Phase ihres Lebens von ihrer biblischen Überzeugung leiten ließ.

Mit der jahrenlangen Verfolgung durch das NS-Regime konnte und kann niemand jemals abschließen. Dazu trugen auch immer wieder Vorkommnisse bei, die die Erinnerung an diese Zeit wachhielten. Mathilde Stühlmüller, die von den Nationalsozialisten als Zwangsarbeiterin im Lebensbornheim Steinhöring eingesetzt worden war, hatte zur Zeit ihrer Verhaftung als Deutsche in der holländischen Zentrale der Religionsgemeinschaft gearbeitet. Nach der Befreiung konnte sie nicht sogleich nach Holland zurück. Ritas Mutter nahm sie deshalb für einige Monate auf.

Als später ein befreundeter Zeuge Jehovas infolge seiner achtjährigen Haft in den Konzentrationslagern Dachau und Mauthausen erkrankte, wurde dringend Hilfe benötigt. Wieder war es Katharina Glasner, die sich anbot. Familie Glasner nahm in dieser für die befreundete Familie nochmals belastenden Zeit deren Sohn bei sich auf. Auch solche Erfahrungen trugen dazu bei, dass kein Schlussstrich unter die Grausamkeiten der NS-Zeit gezogen werden konnte.

FORTGESETZTE DISKRIMINIERUNGEN MIT GUTEM ENDE

Neben der angespannten familiären Situation litt Rita unter der fortgesetzten Diskriminierung. Rita nennt den Grund:

„Es waren dieselben Leute dran. Alles war noch von den Nazis durchsetzt."

Rita erhielt zum Beispiel als Zeugin Jehovas keine Lehrstelle (Ausbildungsplatz). Ritas Eltern wurde in der Berufsberatung mitgeteilt: „Nein, ihre Tochter erhält keine Lehrstelle."

Rita besuchte deshalb eine Handelsschule. Damals war sie 15 Jahre alt. Zwei Jahre später lernte sie in der Schule ihren späteren Ehemann Erwin Berger kennen. Erwin beobachtete, wie Rita von mehreren Lehrern benachteiligt und schlecht behandelt wurde. Das empfand er als ungerecht. Couragiert setzte er sich nun für Rita ein. Und Erwin bekam Rückendeckung von einem Mitschüler.

Die Vorkommnisse in der Schule führten dazu, dass Erwin von Rita die Hintergründe der Diskriminierungen erfuhr. Er war erstaunt zu hören, dass die Bibelforscher, wie die Zeugen Jehovas auch in der Nachkriegszeit noch oft genannt wurden, konsequent den Kriegsdienst und den Hitlergruß abgelehnt hatten. Nun interessierte ihn, wie sich die anderen Religionsgemeinschaften in dieser Hinsicht verhalten hatten. Er nahm daher mit verschiedenen Gemeinschaften Kontakt auf und hörte überall dasselbe. Mitglieder aller in München vertretenen Religionsgemeinschaften hatten sich am Krieg beteiligt. Das veranlasste ihn, sich näher mit der Bibel nach dem Verständnis der Zeugen Jehovas zu befassen. Schließlich wurde Erwin Berger selbst ein Zeuge Jehovas und er blieb es bis zu seinem Tod im Jahre 2008.

Abb. 49: Rita (Bildmitte) mit ihrem Ehemann Erwin Berger und einer Schwägerin (1950)

Erwins katholische Eltern waren mit der Entscheidung ihres Sohnes ganz und gar nicht einverstanden und verwiesen ihn aus ihrer Wohnung. Das war 1947. Eine seiner beiden Schwestern, die den Hinauswurf voll und ganz unterstützte, schloss sich später selbst den Zeugen Jehovas an. Wo sollte Erwin so kurz nach dem Krieg bleiben? Viele Häuser waren ausgebombt, während ganze Ströme von Flüchtlingen nach einer neuen Bleibe suchten. Er fand Aufnahme bei Familie Glasner. Am 11. November 1948 heirateten Erwin und Rita.

„Erwin war genau das, was ich brauchte. Er war sehr humorvoll und immer gut gelaunt."

Anfänglich wohnte das junge Ehepaar noch bei Ritas Eltern. 1950 war es Rita und Erwin Berger endlich möglich, in eine eigene Bleibe umzuziehen. Zunächst wohnten sie für etwa ein Jahr im Hause der Familie Ziss, wo die Wohnung im ersten Stock frei geworden war.

1953 flog Rita ohne ihren Mann nach New York, um einen internationalen Kongress der Zeugen Jehovas zu besuchen. Ihr Mann hatte damals noch nicht den Mut, in ein Flugzeug einzusteigen. Rita war, für die damalige Zeit ungewöhnlich, mit einer Filmkamera ausgestattet. Ein 25-minütiger Filmstreifen, inzwischen digitalisiert, dokumentiert die für damalige Verhältnisse beachtliche Reise. 1956 zogen Bergers in ein eigenes Haus in Waldtrudering, wo Rita noch heute lebt.

Auf dem Land kam es in den Nachkriegsjahren weiter zu Verhaftungen von missionierenden Zeugen Jehovas. Auch Rita musste noch 1953 die Erfahrung machen, mit ihrem Mann von der Polizei mitgenommen zu werden. Die Angelegenheit konnte dann aber in der Polizeiwache geklärt werden, sodass Rita und ihr Mann wieder gehen konnten. Einen dritten Zeugen Jehovas behielt man jedoch noch über Nacht in Polizeihaft.

Die Religionsgemeinschaft kümmerte sich um Vorfälle dieser Art mit dem Ergebnis, dass die betroffenen Zeugen Jehovas ab 1954 eine Karte erhielten, auf der die Rechtmäßigkeit ihrer Tätigkeit festgehalten war. Seitdem gab es keine Probleme mehr. Es reichte aus, einem gerufenen Polizisten die Karte zu zeigen und die Angelegenheit war geklärt.

Abschrift

I C 2 - 2317 b3
Vertrieb von Zeitschriften der Watch Tower Bible and Tract Society durch die Missionardiener von Jehovas Zeugen.

Entschluß des BStMdI vom 9.2.54 Nr. I C 2 - 2317 b3

An das
Präsidium der Bayr.Landpolizei
und die nachgeordneten Dienststellen
die Gemeinderäte der Gemeinden mit eigener Polizei

nachrichtlich an
die Regierungen
die Landratsämter
die Bayr.Polizeischulen.

Nach den Feststellungen vertreiben die Missionardiener von Jehovas Zeugen den „Wachtturm" und andere Zeitschriften der Watch Tower Bible and Tract Society nicht gewerbsmäßig.
Es kann deshalb von ihnen weder die Vorlage eines Legimitationsscheines nach § 43 GewO noch, falls der Vertrieb außerhalb des Wohnortes des Missionsdieners stattfindet, die Vorlage eines Wandergewerbescheines nach § 55 GewO verlangt werden. Auch die §§ 14 Absatz 1. und 42 b GewO kommen nicht in Betracht. Weiter ist für den Vertrieb der Zeitschriften eine Genehmigung nach § 42 Absatz 3 StVO nicht erforderlich, wenn der Verkehr durch den Vertrieb nicht behindert oder belästigt wird. Schließlich unterliegt der Zeitschriftenvertrieb auch nicht auf Grund des Sammlungsgesetzes vom 5.11.34 RGBL. IS 1086 einer Genehmigungspflicht, sofern nicht im Einzelfalle andere Gründe vorliegen, kommt daher ein polizeiliches Einschreiten und die Einleitung von Strafverfahren gegen Missionardiener von Jehovas Zeugen aus Anlaß des Vertriebs religiöser Zeitschriften nicht in Betracht.

I.A.
Platz
Ministerialdirektor

In das Ministerialamtsblatt

Abb. 50: Karte mit dem Text eines Beschlusses des Bayerischen Innenministeriums vom 9. Februar 1954, die betroffene Zeugen Jehovas ab 1954 mit sich führten, um bei Bedarf über die Rechtmäßigkeit ihrer Tätigkeit zu informieren.

DER GESTAPO-BEAMTE GERHARD GRIMM

Der am 1. Dezember 1910 in Freiburg geborene Gerhard Grimm war während der Zeit des NS-Regimes ein gefürchteter Beamter der Geheimen Staatspolizei Münchens. Er begann seinen Dienst für die Gestapo bereits 1934 im Alter von 24 Jahren und schied erst mit Ende des NS-Regimes 1945 aus. 1941 wurde Grimm Sachbearbeiter der sogenannten staatsfeindlichen Sekten in der Gestapo. Außerdem übernahm er das sogenannte Judenreferat. Damit konzentrierten sich seine Aktivitäten neben den Juden auf die Zeugen Jehovas, die sich dem NS-Regime nicht unterordneten. In dem nach dem Krieg erstellten Ermittlungsbericht für das Spruchverfahren heißt es: „In diesem Jahr [1941] beginnen auch die von ihm durchgeführten größeren Aktionen gegen die Bibelforscher. Die nachfolgenden eidesstattlichen Erklärungen zeigen eine tierische Unmenschlichkeit, zu der dieser Mensch fähig war. Es sind diese derart bestialische Auswüchse, zu der nur das finstere Mittelalter mit seinen Folterungen zum Vergleich herangezogen werden kann. Grimm erpreßt Geständnisse mit allen Mitteln [...] Er ist wohl nicht mehr Mensch, sondern Bestie im Blutrausch." Bezüglich der Behandlung der Juden heißt es im Ermittlungsbericht: „Grimm war zu den Juden nicht minder bestialisch."[1]

1) StAM SpK A K 558 Grimm Gerhard.

„ICH BIN NÄMLICH SONST GANZ ANDERS“

Der ehemalige Gestapo-Beamte Gerhard Grimm kam nach dem Krieg in das Internierungslager Langwasser bei Nürnberg. Von dort aus schrieb er Briefe an Betroffene seines Verhaltens als Gestapo-Beamter. Auch Katharina Glasner erhielt einen Brief. Darin leugnete Grimm die von mehreren Zeugen bestätigten Foltermethoden, die er als Gestapo-Beamter gegen inhaftierte Andersdenkende angewandt hatte. Der Brief ist nicht erhalten geblieben. Doch erinnert sich Rita daran, wie unangenehm berührt, ja schockiert, ihre Mutter auf den Erhalt des Briefes reagierte. Sie hatte deshalb sehr mit sich zu kämpfen. Es folgten Gespräche mit Lina Wilhelm, die eher geneigt war, etwas gegen Grimm zu unternehmen. Katharina Glasner fragte: Soll ich etwa Gleiches mit Gleichem vergelten? Hintergrund des Briefes dürfte Grimms Entnazifizierungsverfahren gewesen sein.

In den Dokumenten von Rita Glasner befindet sich dagegen ein offenbar an einen anderen Zeugen Jehovas gerichteter Brief von Grimm vom 9. Dezember 1948. Laut Rita entspricht der Inhalt des Briefes etwa dem Wortlaut des an ihre Mutter gerichteten Schreibens. Mit einer Mischung aus milden Worten und der Leugnung seiner eigenen kriminellen Handlungen als Gestapo-Beamter versuchte Grimm nun zu retten, was noch zu retten war. In München lief gerade ein Spruchverfahren gegen ihn. Er hatte Angst, die von ihm verhafteten und gefolterten Zeugen Jehovas würden ihn belasten. Deshalb schrieb er in seinem Brief: „Ich bin nämlich sonst ganz anders“ und tat so, als wenn er dabei wäre, selbst ein Zeuge Jehovas zu werden.

Gerhard Grimm
Int.Lager Revier H 6
Nürnberg-Langwasser 9.12.1948

Sehr geehrter Herr Fehrenbach!
Seit 28.5.45 bin ich interniert.Ich befinde mich z.Zt. im Lager Langwasser.Seit 1946 bin ich aber dauernd im Revier, da ich Lungenkrank bin und nur mit der linken Lunge noch atme.
Heute nun am 9.12. hatte ich Akteinsicht und dabei Ihren werten Brief vom 12.12.47 nebst Anlagen in meinem Akt eingeheftet gesehen.Ich habe ihn eingehend gelesen und danke Ihnen für solch offene und ehrliche Worte.Ich bin heute einer Meinung mit Ihnen und sehe auch ein,dass ich als Mensch falsch gehandelt habe gegenüber den Zeugen Jehovas.Glauben Sie mir der Umbruch und die Haft brachten mich zur Überzeugung dass Ihr Glaube keine Irrlehre ist,wie man es einst hinzustellen versuchte.Ich habe mich während meiner Haftzeit dauernd mit der"Wahrheit" beschäftigt und habe das Bedürfnis mich noch eingehender damit zu beschäftigen.Ich habe so das Gefühl,dass all das Leid,das über mich und meine Familie kam, mich allmählich zum Licht führt.Ich erkenne meine Fehler voll und ganz.Aber eines ,Herr Fehrenbach,muss ich sagen,vieles in den eidesstattlichen Erklärungen von Zeugen Jehovas,die ich heute gelesen habe,stimmt nicht.Ich habe niemand mit einer Stahlrute,einer Peitsche,einem Schlagring oder einem Stock geschlagen auch trat ich niemand mit Füssen.Wissen Sie man sollte bei der Wahrheit bleiben und nicht Unglück noch grösser machen als es so schon ist.Unwahrheit rächt sich bitter.Haben wir das nicht gerade erlebt?
Das von Ihnen angeführte Bibelwort Römer 12:19 u.Hebr.I :31, das da heisst:
Rächet nie euch selbst,Geliebte,sondern gebet Raum dem Zorn, denn es steht geschrieben;"Mein ist die Rache" ,ich will vergelten spricht der Herr.Es ist furchtbar in die Hände des lebendigen Gottes zu fallen.
erkenne ich voll und ganz an.Nur zu wahr ist dieses Wort.
Meinen Sie nicht, ass auch mein durchgemachtes Leid gross genug wäre,um es zu beenden?Schauen Sie, wenn mir Ihre Glaubensbrüder - und Schwestern helfen und verzeihen würden,wäre mehr getan als wenn viele nun versuchen alles noch schlimmer zu machen.Die Überzeugung der Vergebung würde sicherlich mich und meine Familie restlos von allem befreien und endgültig zur "Wahrheit" führen.Nur noch wenig fehlt hierzu und man müsste noch jemand haben,der einem an die Hand ginge.
Herr Fehrenbach,ich weiss nun nicht,ob Sie meinen Worten Ehrlichkeit beimessen,ich bitte aber darum,weil sie tatsächlich ehrlich sind.Auch bin ich gerne bereit,nach meiner Spruchkammersache Ihnen restlos über alles Aufklärung zu geben aber nicht um damit andere unglücklich zu machen,das ist Vorbedingung.Gerne würde ich mit Ihnen weiter korrespondieren und Ihnen mein Herz und meinen Weg anvertrauen.Aber ob Sie dazu bereit sind ?

Seien Sie mir nun nicht böse.Ich war vom Teufel geritten, sonst hätte ich niemals so sein können,ich bin nämlich sonst ganz anders,als Sie mich kennen lernten.Helfen Sie mir in Jehovas Namen und machen Sie damit mich mit 5 Kindern und der Mutter glücklich.
Sehen Sie dieser Brief geht mir von der Hand als ob ich an meinen Vater schriebe,wie würde ich mich freuen,wenn Sie mich richtig und zwar von meiner guten Seite kennen lernen würden und mein Wegbereiter wären.Ich kenne keinen Hass mehr,in keiner Hinsicht,ich will nur noch eins,den Weg zur Wahrheit ehrlich finden mit meinen Lieben.Mich kümmert alles Weltliche nicht mehr,aber Gott will ich noch weiter finden und darin glücklich werden.
Für heute will ich schliessen.Ich wünsche Ihnen ein recht gesegnetes Weihnachten und alles Gute.

Hochachtungsvoll!
In Dankbarkeit

gez. G.G.

149

Abb. 51: Brief des ehemaligen Gestapo-Beamten Gerhard Grimm vom 9. Dezember 1948

SPRUCHVERFAHREN GEGEN DEN EHEMALIGEN GESTAPO-BEAMTEN

Zahlreiche Personen sagten im Rahmen des Spruchverfahrens gegen Gerhard Grimm aus, darunter auch einige Zeugen Jehovas wie Magdalena Römer, Lorenz Hofstetter, Georg Weinfurtner, Adolf Großmann, Johann (Hans) Vogl, Georg Humpelmayr, Therese Baader, Ida Josse und Maria Stauffer. Auch von Katharina Glasner liegt eine von ihr unterzeichnete eidesstattliche Erklärung vor, datiert auf den 20. Juni 1947.[2)]

Das Spruchverfahren gegen Grimm zog sich in die Länge. Mit Datum vom 14. Januar 1949 wurde gegen Grimm eine Sühne von sechs Jahren Arbeitslager verhängt. Gegen diesen Spruch legte er Berufung ein. In einem Schreiben vom 8. Februar 1950 bestätigte das Gesundheitsamt München: „Grimm nicht verhandlungsfähig." Der Spruch der Spruchkammer vom 26. Mai 1950 lautete: „Die Berufung des Betroffenen gegen den Spruch der Hauptkammer Nürnberg vom 14.1.1949 wird verworfen, jedoch mit der Maßgabe, dass die zu I des genannten Spruches erkannte Sühne von 6 Jahren Arbeitslager abgeändert wird. Der Betroffene wird auf die Dauer von 4 Jahren in ein Arbeitslager eingewiesen, unter Anrechnung der politischen Haft vom 28. Mai 1945." Damit reduzierte sich die Arbeitslagerstrafe auf vier Jahre. In einer Vormerkung des Staatsministeriums für Sonderaufgaben vom 8. September 1950 wurde festgestellt: „Da die Entlassung des Betr[offenen] am 23.9.49 erfolgte, ist die Arbeitslagerzeit bereits verbüßt." Letztendlich führte damit das Spruchverfahren gegen Grimm zu keiner Verschlechterung seiner Situation.

2) *Siehe Kapitel 3, Abbildung 24, Seite 63.*

ERST IN DEN SECHZIGER JAHREN PROZESS BEIM LANDGERICHT MÜNCHEN GEGEN GRIMM

1954 kam es dann zur Anklage gegen Grimm, der es verstand, den Prozessbeginn immer wieder aus gesundheitlichen Gründen hinauszuschieben. Zum Prozess kam es daher erst 1961, sieben Jahre nach der Anklageerhebung und 16 Jahre nach dem Ende des NS-Regimes. Die Süddeutsche Zeitung (SZ) vom 9. März 1961 berichtete zum Prozessauftakt unter dem Titel: „Gestapo-Scherge endlich vor dem Richter." In der Anklageschrift wurde Grimm laut SZ unter anderem angeklagt, der Frau eines Bibelforschers während einer Vernehmung mit dem Ellenbogen drei Zähne eingeschlagen und sie mit dem Gummiknüppel misshandelt zu haben, weil sie sich weigerte, andere Zeugen Jehovas preiszugeben. Der Eröffnungsbeschluss stellte laut SZ fest, dass Grimm eine Zeugin Jehovas mit einem Stock blutig geschlagen und an den Haaren durchs Zimmer geschleift hätte.

In der Süddeutschen Zeitung vom 14. März 1961 wird die nachsichtige Haltung der Zeugen Jehovas wie folgt kommentiert: „Dabei konnte man wirklich nicht sagen, daß sich die Zeugen [des Prozesses] auch nur im mindesten rachsüchtig gezeigt hätten. Besonders die Bibelforscher betonten nicht selten, daß sie den Angeklagten nicht belasten wollten."[3)]

Nach der fünftägigen Hauptverhandlung verurteilte die erste große Strafkammer beim Landgericht München I Gerhard Grimm zu einer Zuchthausstrafe von einem Jahr und neun Monaten. Grimm nahm das Urteil an. Nach seiner Freilassung

3) Süddeutsche Zeitung vom 9. und 14. März 1961 über den Prozess gegen den ehemaligen Gestapo-Beamten Gerhard Grimm, siehe Anhang, Nr. 5.

lebte Gerhard Grimm in München. Ende der 1960er Jahre war er unbekannt verzogen. Damit verloren sich die Spuren des ehemaligen Gestapo-Beamten.

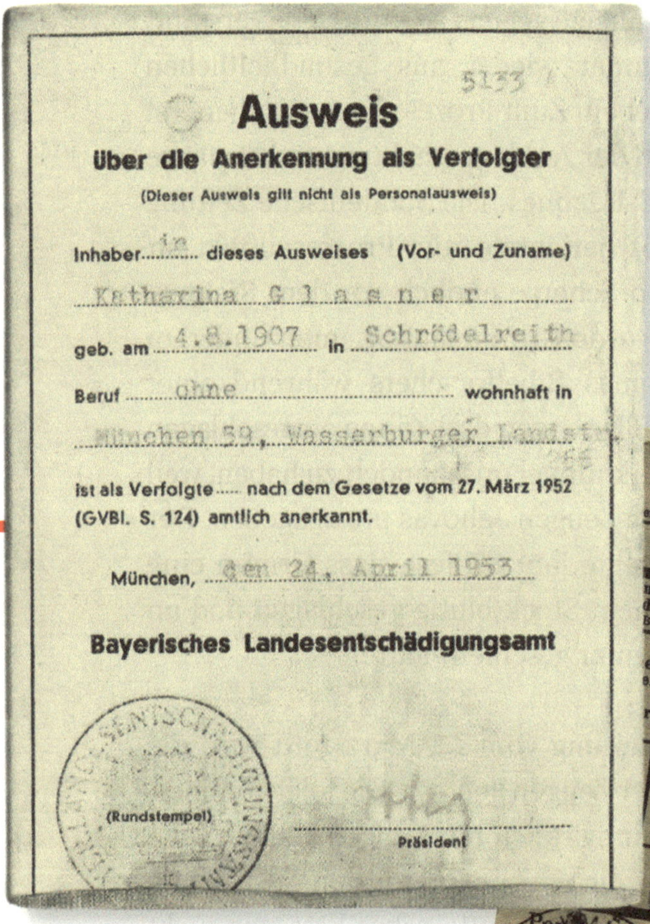

5133

Ausweis

über die Anerkennung als Verfolgter

(Dieser Ausweis gilt nicht als Personalausweis)

Inhaber in dieses Ausweises (Vor- und Zuname)

Katharina Glasner

geb. am 4.8.1907 in Schrödelreith

Beruf ohne wohnhaft in

München 59, Wasserburger Landstr.

ist als Verfolgte nach dem Gesetze vom 27. März 1952 (GVBl. S. 124) amtlich anerkannt.

München, den 24. April 1953

Bayerisches Landesentschädigungsamt

(Rundstempel)

Präsident

Abb. 52: Verfolgtenausweis von Katharina Glasner, ausgestellt am 24. April 1953 vom Bayerischen Landesentschädigungsamt. Rita Glasners Antrag auf Wiedergutmachung wurde dagegen mit der Begründung abgelehnt, sie sei nicht inhaftiert gewesen.

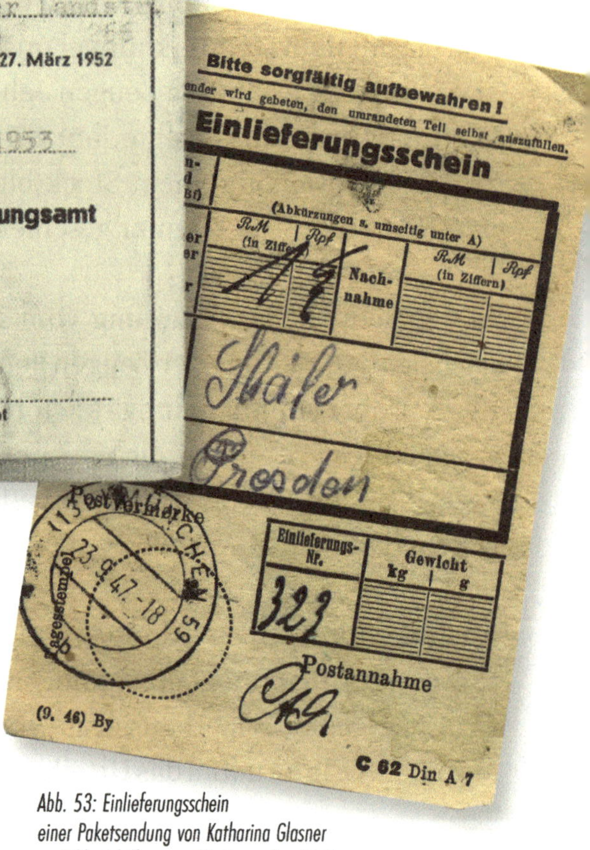

Bitte sorgfältig aufbewahren!

...ender wird gebeten, den umrandeten Teil selbst auszufüllen.

Einlieferungsschein

(Abkürzungen s. umseitig unter A)

RM (in Ziffern)	Rpf	Nach-nahme	RM (in Ziffern)	Rpf
1	1			

Schäfer

Dresden

Postvermerke

(Tagesstempel)

München 59

23.9.47-18

Einlieferungs-Nr.	Gewicht kg	g
323		

Postannahme

(9. 46) By

C 62 Din A 7

Abb. 53: Einlieferungsschein einer Paketsendung von Katharina Glasner an Hilde Schäfer vom 23. September 1947

UNTERSTÜTZUNG DER EHEMALIGEN MITGEFANGENEN HILDE SCHÄFER

Die kontaktfreudige und immer hilfsbereite Katharina Glasner blieb nach dem Krieg auch mit ihrer ehemaligen Mitgefangenen Hilde Schäfer (verwitwete Weigoldt), der die Nationalsozialisten auf brutale Weise zwei Ehemänner, jeweils wenige Monate nach der Eheschließung, genommen hatten, in Verbindung.

„Meine Mama hat sich sehr der Bedürfnisse Anderer angenommen. Für Hilde Schäfer, die unter den Nazis sehr viel durchmachen musste, hat sie nach dem Krieg oft Pakete nach Ostdeutschland geschickt. Hilde hat davon vieles an andere weitergegeben."

In den 1950er Jahren zog zuerst Hildes Sohn Hans Weigoldt nach München; dann auch Hilde mit ihrer Tochter Ingrid. Und wieder bot Ritas Mutter ihre Unterstützung an. Hans Weigoldt erhielt ein Zimmer im Hause Glasner,wo er mehrere Jahre wohnte. Und für Hilde Schäfer mit Tochter konnte Katharina Glasner ein kleines Holzhaus auftreiben. Es entwickelte sich eine enge Freundschaft zwischen Katharina und Hilde.[4)]

„Meine Mutter hat sich immer um Hilde gekümmert. Hilde war dafür sehr dankbar."

4) Michael Weigoldt, der Enkelsohn von Hilde Schäfer, lebt mit seiner Familie in München, ebenso Monika Weigoldt, die Schwiegertochter von Hilde Schäfer und Witwe von Hans.

Im Alter von 72 Jahren, in dem Jahr, in dem das Gruppenfoto entstand (siehe Abb. 54), erklärte Hilde Schäfer in ihrem Lebensbericht, dass sie ihren Herzensfrieden durch ihren Glauben wiedererlangt hätte.

Abb. 54: „Besuch bei Käthe 1986" ist auf der Rückseite dieses Fotos vermerkt: Lisa und Willi Heinecke[5], Katharina (Käthe) Glasner, Hilde Schäfer (verwitwete Weigoldt) mit Schwiegertochter Monika Weigoldt.

5) Ebenfalls Verfolgte des NS-Regimes (Gespräch mit Monika Weigoldt, 5.5.2017)

RITA UND ERWIN BERGER BLICKEN NACH VORN

Während gegen Gerhard Grimm ermittelt wurde, konzentrierten sich Rita und Erwin Berger weiter auf die Aktivitäten in ihrer Glaubensgemeinschaft. 1953 war Erwin Berger maßgeblich am Bau eines kleinen Königreichssaals (Gemeindesaal der Zeugen Jehovas) an der Dresselstraße beteiligt.

Abb. 55: Erwin Berger, Ritas Ehemann (1970er Jahre)

Der Saal konnte nur ein Jahr genutzt werden, weil er schnell zu klein wurde. Aus diesem Grund wurde 1954 auf dem Grundstück der Familie Berger, das sie von einem Schafhirten erworben hatte, ein größerer Saal errichtet.

Heute ist die Gegend dicht bebaut. Der Königreichssaal wurde bis 1961, also sieben Jahre, genutzt, bis er ebenfalls zu klein wurde. Also suchte man wieder nach einer größeren Lösung. Erneut kümmerte sich Erwin Berger um die Angelegenheit. Heinrich Riedel, damals bei dem Bauvorhaben zuständig für Heizung und Installation, erinnert sich: „Erwin Berger war der Manager des Neubaus.“[6] Das Ergebnis war ein neuer Saal an der Siegsdorfer Straße im Münchner Ortsteil Trudering, der noch heute genutzt wird.

Abb. 56: Erwin Berger, Ritas Ehemann (1970er Jahre)

Im Alter von 40 Jahren erkrankte Rita an einer schmerzhaften Nervenkrankheit. Während der folgenden 30 Jahre verging kein Monat, in dem sie nicht mit Schmerzanfällen zu kämpfen hatte. Noch heute muss sie diesbezüglich aufpassen. Ihre Ärzte gehen davon aus, dass diese Erkrankung eine unmittelbare Folge ihrer Erlebnisse während der NS-Zeit ist.

6) Gespräch des Autors mit Heinrich Riedel, München-Trudering, vom 31. Juli 2014.

DIE HALTUNG DER VERWANDTEN NACH DEM KRIEG

Abb. 57: Olga Kögl (2013)

Olga Kögl, die jüngste Schwester von Katharina Glasner blickt zurück: „Rita war ja noch ein Kind, als ihre Mutter ins Gefängnis kam. Es war eine schwere Zeit für sie. Sie hat viel durchgemacht. Sie tat mir sehr leid. Ihre Mama war ihr abgegangen. Sie war einsam und traurig. Etwas leichter wurde es dann für sie, als sie zu Familie Ziss kam. Ich muss wirklich sagen, dass Rita sehr, sehr tapfer war, auch als sie nach Berlin zur Verhandlung ihrer Mutter fuhr. Ihr Glaube gab ihr die Kraft, das alles durchzustehen. Aber, sie war unglaublich tapfer. Aus heutiger Sicht muss ich sagen, sie hat mich sehr beeindruckt.“ [7]

7) Gespräch des Autors mit Olga Kögl vom 16. Mai 2013. Zu diesem Zeitpunkt war sie 86 Jahre alt. Olga war das jüngste von zehn Kindern der Familie Maier, Katharina war das zweitälteste. Rita und Olga sind seit ihrer Kindheit bis heute eng befreundet.

Olga war gegen Ende des Krieges im Müller'sches Volksbad in München auf eine Zeugin Jehovas gestoßen, die sich sehr vorsichtig mit ihr über ihre Glaubensansichten unterhielt. Das Gespräch half Olga, die Haltung ihrer Freundin Rita etwas besser zu verstehen. Kurz nach dem Krieg wurde auch Olga eine Zeugin Jehovas. Sie gehört bis heute der Gemeinde der Zeugen Jehovas in Grafing an.

Für Anna Spitzl[8)], die Mutter von Katharina Glasner, war es in den 1930er Jahren ein Schock, als sich ihre Tochter mit ihrem Mann den Bibelforschern anschloss. Das war für sie, die katholische Bäuerin vom Land, damals eine fremde Welt. Auch sie, die ehemalige Nationalsozialistin, änderte ihre Gesinnung und wurde später sogar selbst eine Zeugin Jehovas.

Abb. 58: Ritas Mutter Katharina Glasner im Alter von 83 Jahren (1990)

8) Nach dem Tod ihres Mannes, der an einem Krebsleiden gestorben war, heiratete Anna Maier wieder und hieß dann Spitzl.

Anna Entenmoser, geborene Maier, die älteste Schwester von Katharina Glasner, die es ebenfalls abgelehnt hatte, Rita aufzunehmen, als deren Mutter inhaftiert war, entschuldigte sich nach dem Krieg bei Rita. Auch zu den anderen Geschwistern von Katharina und deren Familien entwickelte sich nach dem Krieg wieder ein harmonisches Verhältnis. Dabei spielte auch eine Rolle, dass sich die Mutter den Zeugen Jehovas angeschlossen hatte, was dazu beitrug, die Vorbehalte der Familie abzubauen. Die letzten Jahre vor ihrem Tod im Jahre 1964 lebte Anna Spitzl bei Familie Glasner. Wieder war es Katharina Glasner, die sich der Bedürfnisse anderer, in diesem Fall der ihrer Mutter, annahm.

WIE BEURTEILT RITA HEUTE, MIT 85 JAHREN, IHRE LANGE VERFOLGUNGSZEIT?

„Von klein auf habe ich Verfolgung erlebt.
Ich war drei Jahre alt, als es begann.
Und die Verfolgung begleitete mich während
der gesamten Hitlerzeit von zwölf Jahren.
Heute freue ich mich, dass ich nicht aufgegeben
habe. Mein Glaube hat mir dabei geholfen.
Und so habe ich vieles gar nicht als so schwer
wahrgenommen wie es war. Ich habe auch
die Erfahrung gemacht, dass man, wenn der
Druck groß ist, gar nicht zum Denken kommt.
Erst im Nachhinein wird einem bewusst,
was man alles durchgemacht hat.
Heute weiß ich, dass ich vieles gelernt habe.“

Ritas Vater Ludwig Glasner starb am 1. August 1974 im Alter von 77 Jahren. Ritas Mutter Katharina Glasner wurde 90 Jahre alt; sie starb am 1. November 1997. Katharina Glasner war in ihrem Leben ihren christlichen Prinzipien treu geblieben und musste dafür viel erleiden. Aber sie war sich auch ihrer Fehler bewusst und ging offen damit um. Rita kann sich zum Beispiel daran erinnern, wie ihre Mutter Anfang der 1990er Jahre ihr Bedauern über ihr Verhalten im Jahre 1937 äußerte, als ihr Mann von der Gestapo gefoltert worden war. Sie hatte damals mit Rücksicht auf die kleine Rita auf ihren Mann eingewirkt, die ihm von der Gestapo vorgelegte Erklärung zu unterschreiben. Obwohl dies unter großem Druck geschah und schon so lange zurücklag, hatte Katharina Glasner das Bedürfnis, darüber mit ihrer Tochter Rita zu sprechen.

Ritas Ehemann Erwin starb am 31. Mai 2008; er wurde 80 Jahre alt. Auch den Tod ihres Mannes muss Rita verarbeiten. Doch sie schaut nicht verbittert zurück, sondern blickt weiter positiv in die Zukunft. Sie gewinnt selbst der Verfolgungszeit etwas Positives ab.

„Ich habe viel gelernt.
Davon profitiere ich noch heute.
So habe ich gelernt, mit Belastungen
richtig umzugehen und den
Blick mehr nach vorne gerichtet zu halten.
Und ich freue mich, dass es mir trotz
meiner 85 Jahre relativ gut geht.
Selbst die Schmerzattacken, die mich
dreißig Jahre begleiteten, sind vorbei."

Rita betont, wie gut es ist, im Alter mit einem guten Gewissen auf sein Leben zurückblicken zu können.

„Ich fühle mich frei und unbelastet. Das ist sehr wertvoll."

Mit 85 Jahren achtet Rita weiter auf eine gesunde Ernährung und sie treibt täglich Sport. Hin und wieder fährt sie mit ihrem PKW zu ihrer Freundin Olga nach Grafing. Und sie hat nicht aufgehört, Kraft aus der Bibel zu schöpfen, die für sie das Wort des Schöpfers des Universums ist. Das alles trägt dazu bei, dass sie sich eine insgesamt vitale Ausstrahlung bewahrt hat.

Die Frage, wie es ihr möglich war, zwölf Jahre Verfolgung treu durchzustehen, beantwortet die 85-jährige Rita mit den Worten:

„Ich hatte eine gerade Linie, der ich folgte."

Abb. 59: Rita Berger, geborene Glasner, 85-jährig (2014)

KAPITEL 7

Resümee

Die Schreckensherrschaft der Nationalsozialisten und der Holocaust haben unendlich viel Leid ausgelöst. Diese prüfungsreiche und unheilvolle Zeit hat aber andererseits auch zahllose herausragende Persönlichkeiten hervorgebracht. Viele sehr bekannte Namen könnten hier erwähnt werden, wie der jüdische Holocaust-Überlebende Elie Wiesel.[1] Die Namen der weitaus meisten NS-Opfer sind jedoch vergessen, obwohl jeder einzelne von ihnen viel zu erzählen hätte und wir, die Nachgeborenen, von ihnen viel lernen könnten. Aus diesem Grund wird durch jede neue Biographie von Opfern oder über Opfer des NS-Regimes eine Lücke geschlossen, jede ist eine Bereicherung und wertvoll. Eines von diesen vielen NS-Opfern ist Rita Glasner. Und auch Rita hat ihre eigene besondere Geschichte zu erzählen.

Dabei ist der Blick auf die ganze Familie Glasner berührend und aufschlussreich, weil sich in dieser Familie verschiedene konkrete Verhaltensformen von Zeugen Jehovas unter der Verfolgung im Dritten Reich finden. Diese kleine, dreiköpfige Familie zeigt, wie facettenreich das Verhaltensmuster von Menschen sein kann, die unter dem Zwang eines diktatorischen Systems übergeordneten Maßstäben treu bleiben

1) Elie Wiesel, siehe Anhang, Anmerkung 7.

möchten. Es gab nur wenige feste Prinzipien, die aber keine Kompromisse zuließen. Doch angesichts des außerordentlichen Drucks wurden selbst diese nicht immer eingehalten.

Ein Blick auf eine größere Anzahl von NS-Verfolgten dieser Opfergruppe bestätigt, dass es verschiedene, individuelle Entscheidungen und Handlungsweisen gab, die alle einen Nenner hatten: Das Bemühen, christlichen Werten loyal zu bleiben, was aber nicht immer gelang. Wir finden also eine Spannbreite zwischen übermenschlich erscheinender Konsequenz und Wagemut, die oft bis in den Tod reichten, bis zu Schwäche und Versagen, wodurch jedoch die hohen Hürden, die zu überwinden waren, noch deutlicher hervortreten. Es gab keinen Automatismus, der der Zugehörigkeit zu der Glaubensgemeinschaft folgte. Aber es existierte ein gemeinsames Grundverständnis.

Die meisten der zu beobachtenden Verhaltensweisen vermitteln tiefe Gefühle der Menschlichkeit. Vom Abschiedsbrief eines zum Tode Verurteilten bis zu den Gewissensbissen derjenigen, die dem überaus großen Druck nachgaben, ohne sich innerlich von den hohen Werten, für die sie einstehen wollten, zu verabschieden. Dabei ist festzuhalten, dass auch jene, die dem Druck nicht standhielten, zu den Opfern des NS-Regimes zu zählen sind.

Ludwig und Katharina Glasner waren Anfang 1933, noch vor dem Verbot der Bibelforscher, gemeinsam aus der katholischen Kirche ausgetreten. Hitler war bereits an der Macht, als sie sich den Bibelforschern anschlossen. Nur wenige Wochen nachdem sie Zeugen Jehovas geworden waren, wurden sie mit dem Geist der Intoleranz, der mit der Herrschaft der Nationalsozialisten um sich griff, konfrontiert. Und im Laufe der NS-Zeit standen sie immer wieder vor schweren, manchmal vor extrem schwierigen Entscheidungen, die ihre Treue zu christlichen Prinzipien auf die Probe stellten.

Katharina Glasner blieb fest: Hausdurchsuchungen durch die Gestapo, Inhaftierungen, die wiederholte Trennung von der einzigen Tochter, das Bewusstsein der sicheren Todesstrafe, Hafterfahrungen in Gefängnissen und im Zuchthaus. Das alles konnte sie nicht abhalten, ihren Werten treu zu bleiben.

Ritas Vater Ludwig Glasner trat ebenfalls für seine Überzeugung ein, indem er sich an der riskanten Verbreitung von Protestflugblättern beteiligte. Er nahm Verhaftung und Gefängnisstrafe in Kauf. Aber er ging schließlich Kompromisse ein. Allerdings ist dabei zu berücksichtigen, wie diese zustande kamen: Geschwächt durch sechs Monate Haft im Strafgefängnis Stadelheim, wurde er von der Gestapo schwer gefoltert und zusätzlich massiv unter Druck gesetzt, weil dies einmal vor den Augen seiner kleinen Tochter Rita geschah, die schrie, als sie sah, was mit ihrem Vater geschah. Tatsächlich gab er seine christliche Überzeugung nicht auf. Und immerhin konnte er sagen: Ich war im Zweiten Weltkrieg weder Soldat noch habe ich auf einen Menschen geschossen (Am Ersten Weltkrieg hatte der damals noch katholische Ludwig Glasner von 1916 bis 1918 als Frontkämpfer teilgenommen). Allerdings leitete seine Unterschrift auf Druck der Gestapo einen Wendepunkt ein und er fand danach nicht mehr die Kraft, diesen rückgängig zu machen, weshalb weitere Kompromisse folgten. Erst nach dem Krieg, als der Druck des NS-Regimes der Vergangenheit angehörte, konnte er sein Leben wieder mit dem von ihm so geschätzten Wertesystem in Einklang bringen.

Die Tochter Rita Glasner wuchs im Umfeld der Verfolgung auf. Zu Beginn des NS-Regimes war sie gerade einmal drei Jahre alt. Schon früh erkannte sie die biblischen Werte als die ihrigen an. Wie das Licht im Dunkeln leichter zu erkennen ist, so hatte sie keinerlei Zweifel, dass die ihr von ihren Eltern vermittelten Werte die richtigen waren. Zu deutlich hoben sie sich ab von den dunklen NS-Gestalten und den Normen des Nationalsozialismus. Rita erkennt deshalb auch die Herausforderungen der heutigen Zeit, über die sie sich mit ihren 85 Jahren mit dem bemerkenswerten Satz äußert:

„Heute ist alles viel komplizierter."

Damals war für Rita leicht erkennbar, was gut und was böse war. Deshalb stellte sie sich über mehrere Jahre als Kurierin verbotener biblischer Schriften zur Verfügung. Sie lehnte es konsequent ab, mit „Heil Hitler" zu grüßen. Und sie beteiligte sich an im Untergrund durchgeführten Bibelbesprechungen. 1942, mitten im Krieg, ließ sie sich mit zwölf Jahren als Zeugin Jehovas taufen. Sie war sich dabei wohl bewusst, dass sie sich dadurch einer nach NS-Maßstäben illegalen Organisation anschloss. Sie hatte erlebt, welche Konsequenzen sich daraus für ihre Eltern und andere

Zeugen Jehovas ergeben hatten. Als ihre Mutter inhaftiert wurde, tat Rita alles, um sie zu unterstützen. Sie verzichtete sogar zeitweise auf ihre Lebensmittelkarten und ernährte sich von Kräutern, die sie auf Wiesen pflückte.

Die Geschichte der Familie Glasner zeigt, dass die manchmal zu hörende Erklärung, die Bibelforscher hätten so mutig gehandelt, weil es ihnen ja verboten war, dieses zu tun oder jenes zu unterlassen, weit von der Realität entfernt ist. Auf die Zeugen wurde wie auf andere ein enormer Druck ausgeübt, der bis zum Konzentrationslager und zur Hinrichtung reichen konnte. Dennoch „Nein" zu sagen, bedurfte einer sehr starken inneren Überzeugung. Das war das entscheidende Kriterium. Nein konnte nur der sagen, der auch innerlich voll hinter dem Nein stand, dessen eigenes Gewissen ihn dazu antrieb. Infolge ihrer durch biblische Schulung erworbenen inneren Haltung durchschauten die Zeugen Jehovas den verbrecherischen Charakter des Hitler-Regimes.

Die Ausgrenzung, Verfolgung und schließlich die Vernichtung der Juden war menschenverachtend, ebenso wie ab 1939 das von Machthunger getriebene kriegerische Treiben des NS-Staates. Und auch der Führerkult widersprach höheren Werten, weil er die Menschen blind machte für die Dämonie der NS-Bewegung. All das stand in krassem Gegensatz zu den Prinzipien, mit denen sich die Zeugen Jehovas identifizierten. Es widersprach auch den Werten, die eigentlich für alle Menschen gelten. Hatten nicht die meisten Deutschen in der Schule die Zehn Gebote gelernt, in denen es unter anderem heißt „Du sollst nicht töten“? Tausende Zeugen Jehovas wiesen vor den NS-Gerichten auf dieses Gebot hin, weil es jeder kannte, auch die NS-Richter. Es gab auch andere, die das verstanden und entsprechend handelten. All diesen waren die höheren Werte, gegen die es keinen echten, glaubwürdigen Widerspruch geben kann, klar. Aus demselben Grund fand auch bei den Nürnberger Prozessen das Argument kein Gehör, man hätte nur Befehlen gehorcht. Und doch waren die Zeugen Jehovas als organisierte Gemeinschaft in ihrer unbeugsamen Haltung gegenüber dem NS-Regime einzigartig.

Die Erfahrungen der Familie Glasner machen auch deutlich, dass die Verfolgung bei vielen Gelegenheiten sichtbar wurde und unterschiedliche Ausprägungen hatte. Jede neue, oft überraschend auftretende Situation musste bewertet werden und bedurfte einer individuellen Entscheidung, weil auch die Konsequenzen individuell zu tragen waren. Die biblische Überzeugung, dass mit dem jetzigen Leben nicht alles vorbei ist, gab vielen Zeugen Jehovas die Kraft, eine Opferbereitschaft zu zeigen, die bis zum Letzten ging. Das war keine Automatik, sondern hing von der persönlichen geistig-moralischen Verfassung des Einzelnen ab. Rita Glasner betont immer wieder die mutige, unbeugsame Haltung ihrer Mutter. Aber auch sie selbst blieb in dieser für sie als Kind und Jugendliche dramatischen Zeit aufrecht.

Doch neben der persönlichen Haltung des Einzelnen gab es gleichzeitig eine beeindruckende gemeinsame Richtung der Zeugen Jehovas. Ihr biblisches Verständnis war in diesem extrem schwierigen Umfeld, wenn es um wesentliche Punkte ging, einheitlich. Jedem Zeugen Jehovas war klar, dass der Heeresdienst, die Diskriminierung von Juden und der Führerkult nur allzu deutlich höheren Werten, wie sie von Jesus Christus vertreten und verbreitet worden waren, widersprachen. Diese Einheit betraf auch das Bemühen, sich – trotz Verbot – regelmäßig mit biblischen Inhalten zu beschäftigen, zum Beispiel im Rahmen von Bibelbesprechungen, und diese Werte an andere weiterzugeben.

Was bewegte Zeugen Jehovas wie die Glieder der Familie Glasner, persönliche Nachteile in Kauf zu nehmen, um dem NS-Regime zu trotzen? Rita Glasner über die Beweggründe ihrer Mutter:

„Meine Mutter war sehr treu und stark. Sie hat für ihre Werte gelebt. Sie war überzeugt, dass Gott existiert und sie war von der Richtigkeit bedeutender biblischer Aussagen überzeugt."

Ein Studium der zahlreichen Opfer aus den Reihen der Zeugen Jehovas bestätigt, dass es aufrichtige Motive ehrlicher Menschen waren, dem NS-Regime zu widerstehen. In der KZ-Gedenkstätte Dachau ist folgendes Zitat ausgestellt, das dem Bericht „Insel des Standrechts" von Alfred Hübsch, der aus politischen Gründen im KZ Dachau war, entnommen ist. Hübsch stellte über seine Mithäftlinge aus den Reihen der Zeugen Jehovas fest:

„Sie waren geduldig, ohne Falsch und nicht selten geschah es, dass sie ihr bisschen Kost mit einem noch Hungrigeren teilten. Ihr durch nichts zu erschütternder Glaube ließ sie alle furchtbaren Schikanen, die von der SS speziell ihnen gegenüber angewendet wurden, mit größter Todesverachtung ertragen."

Detlef Garbe zitiert in seinem Aufsatz „Der lila Winkel" [2], veröffentlicht in den Dachauer Heften Nr. 10, einen aus Deutschland herausgeschmuggelten Bericht über die Verhältnisse im KZ Sachsenburg, der 1937 in den von der Exil-SPD in Prag herausgegebenen „Deutschland Berichten" erschien, wie folgt:

„Ganz erstaunlich ist das Verhalten der Ernsten Bibelforscher. Diese [...] Leute bewiesen unerschütterlichen Oppositionsgeist, sie zeigten Märtyrergesinnung und waren unbeugsam wie keine andere Gruppe im Lager. [...] Wir [politische Gefangene] leisteten [...] vorschriftsmäßig den [Hitler-]Gruß usw. Die Ernsten Bibelforscher waren dagegen unter keinen Umständen dazu zu bewegen. Ihre Jehova-Gläubigkeit verbot es ihnen, und sie hielten sich strikt daran."

In derselben Quelle wird auch der Sozialdemokrat Hans Flatterich zitiert, der in seinen 1945 niedergeschriebenen Erinnerungen über die gemeinsame Haftzeit im KZ Neuengamme schrieb:

„Mit welch unglaublicher Standhaftigkeit hatten diese Menschen Jahr um Jahr die grausamsten Misshandlungen ertragen. Sie aber verleugneten und verrieten ihre Idee

2) „Lila Winkel". Die Kennzeichnung der Häftlinge diente zur Gruppierung und Stigmatisierung der Gefangenen in den Konzentrationslagern des NS-Regimes. Die Bibelforscher bekamen als einzige Religionsgemeinschaft den „Lila Winkel" (siehe Abb. 60, Seite 172).

nicht und versuchten selbst hier im Lager immer wieder andere Häftlinge für ihre Idee zu gewinnen. Ich muss gestehen, dass mir diese Leute unerhört viel Hochachtung abgenötigt haben." [3)]

Wie könnte jemand die Beweggründe solchen Handelns infrage stellen?

Zurück zur Familie Glasner. Rita Glasner und ihre Eltern vertraten hohe Werte und standen dazu. Aber sie waren auch nur Menschen mit Grenzen. Das traf auch auf die NS-Opfergruppe der Zeugen Jehovas insgesamt zu. Viele Zeugen blieben standhaft. Nur relativ wenige verletzten in schwierigen Situationen und aus unterschiedlichen Gründen ihre hohen Maßstäbe. Zu diesen gehörte Ludwig Glasner. Und das soll nicht verschwiegen werden.

Doch diese Beispiele machen das Gesamtbild der so unbeugsamen Gruppe nachvollziehbarer. Wie in der Bibel, dem Buch, auf das sich die Zeugen Jehovas berufen, von großen Taten und Errungenschaften, aber auch von Fehlern herausragender jüdischer und christlicher Persönlichkeiten berichtet wird, so zeigt auch das Bild der Zeugen Jehovas während der NS-Zeit Stärken und Schwächen. Aber in ihrer Gesamtheit beeindruckte diese Gemeinschaft durch ihre geschlossene Distanz zu den Vorstellungen der NS-Ideologie.

3) Detlef Garbe „Der lila Winkel": in Dachauer Hefte Nr. 10, Dachau 1994, Seite 30.

Abb. 60: Diese KZ-Häftlingsjacke, mit der Häftlingsnummer 16828 und dem „Lila Winkel" für die Bibelforscher, trug Helmut Knöller aus Simmotzheim. Er kam im Juni 1940 wegen Wehrdienstverweigerung ins KZ Dachau, danach ins KZ Sachsenhausen und andere Lager. Befreiung nach fast fünf Jahren im Mai 1945 in Steyr (Österreich). 1952 zog er nach München und lebte dort bis zu seinem Tod im Jahre 1988. Rita und Erwin Berger waren mit Helmut Knöller und seiner Frau Lilo befreundet.

NACHWORT ZUR ZWEITEN AUFLAGE

- Ein Rückblick -

Die Biografie Rita Glasners stieß auf unerwartet große Resonanz, weshalb nun, immerhin acht Jahre nach Veröffentlichung der ersten Auflage, eine zweite Auflage erforderlich wurde.

Rita Berger, geborene Glasner, ist inzwischen 93 Jahre alt und wie bei Herausgabe des Buches im Jahre 2015 eine unverändert gute Gesprächspartnerin, wenn auch ihr Hörvermögen etwas nachgelassen hat. Sie freut sich über das große Interesse an den Erfahrungen und Lehren ihres Lebens. Dabei betont sie immer wieder, wie schwer es ihr zunächst fiel und mit welchen Belastungen es für sie verbunden war, über ihre Erlebnisse der NS-Verfolgungszeit zu sprechen. „Ich hatte alles vergessen. Doch dann kam er“, sagte sie einem jungen Ehepaar nach einer Veranstaltung am 4. April 2023[1)] in Putzbrunn. Dabei zeigte sie auf ihren Biografen. Rita hat nicht vergessen, dass ihre durch das Schreiben der Biografie ausgelöste Beschäftigung mit ihrer Kindheit und Jugend dazu geführt hatte, dass sie das persönlich Erlebte erstmals verarbeiten musste, nachdem sie es lange verdrängt hatte. Das war schmerzhaft, aber wichtig.

1) Es handelte sich um das von Jehovas Zeugen jährlich gefeierte Gedächtnismahl zur Erinnerung an den Tod Jesu.

Abb. 61: Rita vor dem NS-Dokumentationszentrum, drei Monate nach Eröffnung des Hauses, 2015

Abb. 62: Rita in der Dauerausstellung des NS-Dokuzentrums vor der Tafel, auf der sie mit ihrer Mutter zu sehen ist, 2015

Rita ist sich der Bedeutung ihrer Lebensgeschichte bewusst. Ihre NS-Erfahrungen und die ihrer Mutter Katharina sind Teil der Dauerausstellung des NS-Dokumentationszentrums, das Anfang Mai 2015 fast zeitgleich mit ihrer Biografie der Öffentlichkeit übergeben wurde. Am 23. September 2015 stand Rita im Mittelpunkt der Veranstaltung im NS-Dokumentationszentrum „Münchner Bibelforscher (Zeugen Jehovas) im Nationalsozialismus", in der unter anderem die Aufnahme eines Interviews mit ihr vorgeführt, Originaldokumente von Rita und ihrer Mutter Katharina Glasner vorgestellt und ihre Biografie bekannt gemacht wurden. Am 14. November 2016 wurde das Buch im Vortragssaal der Volkshochschule Haar vorgestellt und am 24. April 2018 in der Staatlichen Bibliothek Regensburg. Am 12. November 2019 war das Buch ein weiteres Mal Gegenstand einer Buchvorstellung im Vortragssaal der VHS Haar. Während der Corona-Pandemie kam es zu weiteren Buchlesungen, unter anderem (virtuell) in Berlin.

Bedeutende Medien zeigten Interesse für die Publikation. Der Bayerische Rundfunk spielte am 24. Juli 2015 in einer Sendung über Neuveröffentlichungen nachgesprochene Zitate von Rita Glasner aus dem Buch ein und bewertete die Buchzitate mit den Worten: „[Zahlreich verwendete] wörtliche Zitate machen die Geschichte von Rita Glasner bedrückend nacherlebbar.“ Die Süddeutsche Zeitung widmete Ritas Leben fast eine ganze Seite ihrer Printausgabe vom 14. Juli 2015; parallel erschien ein Artikel in der digitalen SZ-Ausgabe. In einer persönlichen, an den Autor gerichteten E-Mail bewertete der SZ-Redakteur Jakob Wetzel das Buch als „sehr gelungen.“

Der Historiker Detlef Garbe schrieb an den Autor: „Ich bin tief beeindruckt von dieser [...] biografischen Fallstudie über die Erlebnisse, die Rita Glasner in ihrer Kindheit widerfuhren [...] Gut nachvollziehbar spüren Sie den Geschehnissen nach und schildern mit großer Einfühlsamkeit das Leben der Heranwachsenden und die Konfrontation mit der brutalen Gewalt der NS-Verfolgungsorgane [...]. Besonders hervorzuheben ist auch die sehr schöne Gestaltung des Buches, die Illustration mit gleichermaßen dem Nachweis wie der Vertiefung dienenden Dokumenten, die beeindruckenden und berührenden Fotos zumeist aus Privatbesitz und die Hervorhebung von besonders eindrücklichen Zitaten. Insgesamt ist Ihnen ein kleines Meisterwerk gelungen, zu dem ich gern gratulieren möchte.“[2)]

2) Brief Prof. Dr. Detlef Garbe an den Autor, 26.7.2015.

Die Historikerin Aleksandra Matelska resümierte in ihrer Buchbesprechung: „Zweifellos besitzt Christoph Wilkers Versuch, das Erlebte zu bewahren, großen historischen, soziologischen und moralischen Wert.“[3] Eine weitere Rezension erschien im Magazin der bedeutenden, von Hans-Jochen Vogel mitgegründeten Vereinigung „Gegen Vergessen Für Demokratie“, Ausgabe Oktober 2017.[4] In einem, an den Autor gerichteten Schreiben, äußerte er seine Anerkennung für das Buch, die er bereits zuvor in einem persönlichen Gespräch mit dem Autor zum Ausdruck gebracht hatte.

Die bewegenden Erlebnisse von Rita Glasner bleiben so der Nachwelt erhalten und können einen kleinen Beitrag leisten, dem nachlassenden Geschichtsbewusstsein der Menschen entgegenzuwirken.

„Geschichtsbewusstsein ist zwar etwas anderes als religiöser Glaube, der einen Menschen hält. Aber es vermag uns genauso in einen Kontext zu bringen, uns mit Bedeutung, mit Sinn verbinden, indem es uns in einem größeren Zusammenhang einbettet, der uns wiederum stützt – und sei es nur jener, der uns in eine kritische Auseinandersetzung mit all denen zwingt, die da vor uns waren, und uns so hilft, die Weichen für jene zu stellen, die nach uns kommen.“[5] Geschichtsbewusstsein „ist Teil unserer Menschlichkeit, ja mehr noch: die Voraussetzung dazu.“[6]

3) Aleksandra Matelska, Buchbesprechung, in: Gerhard Besier und Hubert Seiwert (Hrsg.), Religion - Staat - Gesellschaft, S. 321-325, Münster 2015.
4) Die Rezensionen von Aleksandra Matelska und „Gegen Vergessen Für Demokratie“, Stimmen zum Buch und weitere Informationen können auf der Buchwebsite www.rita-glasner.de abgerufen werden. Das Buch ist auch als ebook erschienen. Ein Hörbuch und eine englische Ausgabe sind in Vorbereitung.
5) Martin Hecht, Versunken in Geschichtslosigkeit, in: Psychologie Heute, Weinheim 5/2019, S. 32.
6) Ebd.

„Meine Jugend war der Kampf"

Rita Berger ist Zeugin Jehovas. Als Kind hat sie die Verfolgung durch die Nationalsozialisten miterlebt. Jetzt spricht sie erstmals darüber

Jahrzehnte lang hat Rita Berger, Zeugin Jehovas und heute 85 Jahre alt, darüber geschwiegen, was ihr und ihrer Familie im Nationalsozialismus widerfahren ist. Nun hat Christoph Wilker ihre Lebensgeschichte aufgeschrieben. Sechs Jahre lang hat Rita Berger mit dem Fahrrad von den Nazis verbotene Flugblätter verteilt, ihre Mutter (unten, ein Foto von 1941) wurde 1943 von der Gestapo verhaftet.

FOTOS: ALESSANDRA SCHELLNEGGER, PRIVATBESITZ RITA BERGER

Abb. 63: Auszug aus dem Bericht der Süddeutschen Zeitung, 14.7.2015

Abb. 64: Die 91-jährige Rita mit Christoph Wilker, 2021

Abb. 65: Die 93-jährige Rita mit Christine Gemach, 2023

Abb. 66: Mehr als ein Jahr hatte die Biografie Rita Glasners einen besonderen Platz in der Bibliothek des NS-Dokumentationszentrums München (Christoph Wilker mit Tochter Vivian), 10.4.2016.

Ritas Leben bietet beides, wertvolle individuelle Kenntnisse einer Zeitzeugin zur deutschen Geschichte, in der ihr Leben und das ihrer Eltern eingebettet waren, und es zeigt, wie eine fundierte religiöse Überzeugung Menschen verwurzeln kann, um unbeirrt „einer geraden Linie zu folgen".

Christoph Wilker, Frühjahr 2023

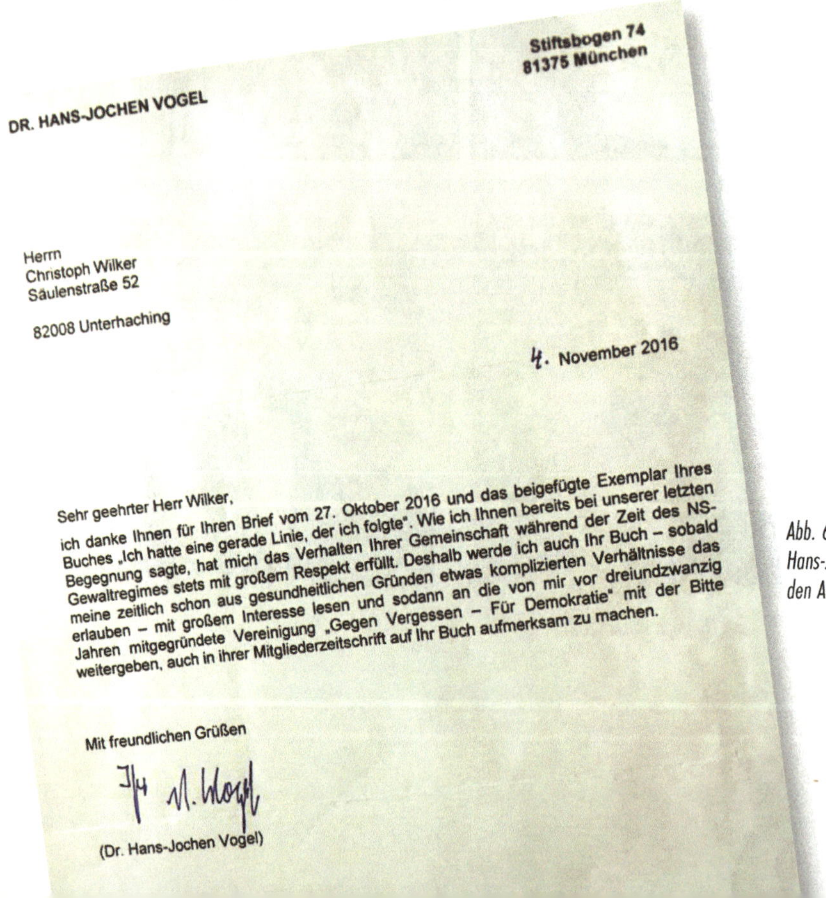

DR. HANS-JOCHEN VOGEL

Stiftsbogen 74
81375 München

Herrn
Christoph Wilker
Säulenstraße 52

82008 Unterhaching

4. November 2016

Sehr geehrter Herr Wilker,

ich danke Ihnen für Ihren Brief vom 27. Oktober 2016 und das beigefügte Exemplar Ihres Buches „Ich hatte eine gerade Linie, der ich folgte". Wie ich Ihnen bereits bei unserer letzten Begegnung sagte, hat mich das Verhalten Ihrer Gemeinschaft während der Zeit des NS-Gewaltregimes stets mit großem Respekt erfüllt. Deshalb werde ich auch Ihr Buch – sobald meine zeitlich schon aus gesundheitlichen Gründen etwas komplizierten Verhältnisse das erlauben – mit großem Interesse lesen und sodann an die von mir vor dreiundzwanzig Jahren mitgegründete Vereinigung „Gegen Vergessen – Für Demokratie" mit der Bitte weitergeben, auch in ihrer Mitgliederzeitschrift auf Ihr Buch aufmerksam zu machen.

Mit freundlichen Grüßen

(Dr. Hans-Jochen Vogel)

Abb. 67: Schreiben Hans-Jochen Vogel an den Autor, 4.11.2016

ANHANG

1. ANMERKUNGEN

1. Name der Religionsgemeinschaft Jehovas Zeugen

Die Zeugen Jehovas, offiziell „Jehovas Zeugen" (Englisch: „Jehovah's Witnesses"), nannten sich bis 1931 Bibelforscher. An der Bezeichnung der Körperschaft „Internationale Bibelforscher-Vereinigung" (IBV) hielt die Gemeinschaft in Deutschland bis in die 1950er Jahre fest. Eine frühere Bezeichnung lautete „Ernste Bibelforscher". Im Volksmund waren die Zeugen Jehovas noch viele Jahre nach der Umbenennung als Bibelforscher bekannt, weshalb sie in vielen NS-Gerichtsurteilen weiter als solche bezeichnet wurden.

2. Zur Frage der Vertretbarkeit aus religiöser Sicht, Zigaretten als Ersatzwährung zu verwenden

Die gesundheitlichen Gefahren des Rauchens waren in den 1930er und 1940er Jahren noch nicht so bekannt wie heute. Angesichts der zunehmenden Kenntnisse dieser Risiken betrachten Jehovas Zeugen seit 1973 das Rauchen als unvereinbar mit christlichen Grundsätzen. In einer Publikation der Religionsgemeinschaft wird dazu ausgeführt: „Die Bibel fordert Christen auf, sich ‚von jeder Befleckung des Fleisches und Geistes' zu reinigen (2. Korinther 7:1). Dazu gehört ganz offensichtlich auch das Rauchen." [1]

3. Der Prozess gegen Katharina Glasner

Warum fand die Verhandlung der kommunistischen Widerstandsgruppe um Olschewski in München statt, die Verhandlung von Katharina Glasner dagegen in Berlin? Normalerweise wurden Fälle dieser Art an den Volksgerichtshof nach Berlin abgegeben. Unter bestimm-

1) *Wachtturm-Gesellschaft: Der Wachtturm, 1. August 2012, Seite 15.*

ten Voraussetzungen konnte der Prozess aber auch an einem anderen Ort durchgeführt werden. Dabei konnten politische Gründe oder die Herkunft der Angeklagten eine Rolle spielen. Beim Prozess gegen Katharina Glasner und Lina Wilhelm kamen die insgesamt sechs angeklagten Zeugen Jehovas aus verschiedenen Orten, sodass es keinen Grund gab, den Prozess von Berlin an einen anderen Ort abzugeben. Die Prozesse gegen die Widerstandsgruppe um Olschewski und gegen die Mitglieder der Weißen Rose wurden dagegen in München abgehalten, weil die Angeklagten aus München kamen. [2)]

4. Der biblische Gottesname Jehova

Der biblische Name Gottes „Jehova" gehört zum Sprachschatz der Zeugen Jehovas und wird heute in der Regel auch mit diesen in Verbindung gebracht. In früheren Zeiten war der Name im deutschen Sprachraum allgemein in Gebrauch. Als Beispiel sei die in Bayern geborene ehemalige Kaiserin Elisabeth von Österreich (Sisi) erwähnt, die als Katholikin den Namen Jehova im täglichen Leben verwendete, indem sie z. B. sagte „Ich bete den großen Jehova an."[3)] Und in älteren evangelischen Gesangbüchern befindet sich mindestens ein Lied mit dem Namen Jehova: Das evangelisch-lutherische Gesangbuch (1872) und das Kirchengesangbuch des schweizerischen evangelischen Kirchenbundes (1952) enthalten das Lied „Dir, dir, Jehova, will ich singen." Außerdem verwendeten zahlreiche Schriftsteller den Namen Jehova in ihren Publikationen, wie Hermann Hesse, Heinrich Heine und Theodor Fontane.

5. Therese Kühner

Die Musikerwitwe Therese Kühner wohnte und wirkte in München. Sie erhielt Bibelforscherschriften und gab diese an andere weiter. In ihrer Münchner Wohnung fanden Zusammenkünfte der Zeugen Jehovas zu Bibelstunden und organisatorischen Besprechungen statt.

2) Gespräch des Autors mit Friedbert Mühldorfer, VVN Bayern, vom 22. November 2013.
3) Schad, Martha und Horst (Hg.): Marie Valérie von Österreich - Das Tagebuch der Lieblingstochter von Kaiserin Elisabeth, München 2011, Seite 209.

Sie besaß einen Abziehapparat und Abziehpapier zur Vervielfältigung von Bibelforscherschriften. Therese Kühner wurde am 30. August 1944, einen Tag nach der Verurteilung von Katharina Glasner, vom Volksgerichtshof zum Tode verurteilt und am 6. Oktober 1944 in Berlin-Plötzensee hingerichtet. Sofie Fischer, die Enkelin von Therese Kühner, die bei ihrer Großmutter wohnte, während ihr Mann an der Front war, erhielt ein Schreiben des Oberreichsanwalts beim VGH vom 14. Oktober 1944 mit folgendem Inhalt: „Das Urteil des Volksgerichtshofs vom 30. August 1944 gegen Ihre Mutter Therese Kühner ist am 6. Oktober 1944 vollstreckt worden. Die Veröffentlichung einer Todesanzeige ist unzulässig." Bei der Empfängerin des Schreibens Sofie Fischer handelte es sich, anders als angegeben, nicht um die Tochter, sondern um die Enkelin. Die Ehefrau eines Architekten war ebenfalls zeitweise als Zeugin Jehovas in München inhaftiert.

6. Anna Meyer

Die Münchnerin Anna Meyer wurde nach ihrer ersten Inhaftierung 1937 (drei Monate) am 31. August 1943 erneut festgenommen. Sie war eine von insgesamt acht angeklagten Zeugen Jehovas, darunter die Münchnerinnen Therese Baader und Therese Kühner, die am 30. August 1944 vor dem Volksgerichtshof in Berlin standen. Anna Meyer wurde wegen Wehrkraftzersetzung zu sechs Jahren Zuchthaus verurteilt und kam dann mit Therese Baader in das Zuchthaus Waldheim, wo sie bis zur Befreiung blieb. Es ist davon auszugehen, dass sie in Waldheim auch Katharina Glasner kennenlernte. In einem Brief vom 16. Oktober 1944 [4)] wandte sich Annas Tochter Erika an einen Rechtsanwalt in Berlin um Hilfe. Darin schilderte Erika Meyer die tragische Lage der Familie. Ihre Mutter war im August 1943 inhaftiert worden. Kurz darauf, am 2. Oktober 1943, wurde das Münchner Haus, in dem die Familie lebte, ausgebombt. Am 20. Dezember 1943 wurde

4) Bundesarchiv ZC 7949.

ihr Vater Franz-Xaver, ebenfalls ein Zeuge Jehovas, von einem Lastwagen der Wehrmacht überfahren und starb.

Erika schrieb: „Meine Eltern haben stets in größter Liebe und Treue miteinander gelebt und [daher] war der Schmerz meiner Mutter verständlicherweise, fern von ihren Kindern, noch umso größer. Es war ihr auch nicht gestattet, einen letzten Abschied von dem geliebten Toten zu nehmen." In ihrem Brief berichtete Erika Meyer dann vom jüngsten Unglück der Familie. Die ebenfalls in München lebende Emma Neiber, eine Schwester von Anna Meyer, wurde mit Ehemann und Tochter ausgebombt; alle drei starben. Erika Meyer bat den Rechtsanwalt, sich darum zu kümmern, dass ihrer Mutter die schreckliche Nachricht vom Tode ihrer Schwester auf schonungsvolle Weise überbracht wird, um dadurch „uns zu helfen, daß uns unsere Mutter erhalten bleibt. In diesem Zusammenhang möchte ich noch betonen, daß meine Mutter bisher nur in vorbildlicher Weise für das Wohl ihrer Familie gesorgt hat. Es lag ihr nur das Glück ihrer Kinder am Herzen."

7. Elie Wiesel

Eliezer (Elie) Wiesel wurde 1928 in Sighet (Rumänien) geboren. Er ist ein jüdischer Überlebender des Holocaust. 1958 veröffentlichte er das Buch „Die Nacht", in dem er seine dramatischen Erlebnisse und Beobachtungen der Verfolgung und Vernichtung von Juden durch die Nationalsozialisten schildert, deren Zeuge er als Jugendlicher im ungarischen Getto, dann in Auschwitz und Buchenwald wurde. Elie Wiesels jüdische Familie aus Siebenbürgen geriet 1944 in die Hände der Mörder aus Deutschland. Mutter und Schwester wurden in Auschwitz ermordet; den Vater ließen die Deutschen in Buchenwald verhungern, der Sohn erlebte es mit. Elie Wiesels Buch „Die Nacht" gilt als Schlüsselwerk der sogenannten Holocaust-Literatur und erreichte eine Auflage von mehreren Millionen Exemplaren. 1986 erhielt er für seine Bemühungen im Kampf gegen Rassismus und Gewalt den Friedensnobelpreis.

2. ZEITTAFEL

30. Januar 1933

Adolf Hitler wird Reichskanzler des Deutschen Reiches. Beginn des NS-Terroregimes.

13. April 1933

Verbot der Zeugen Jehovas in Bayern.

7. Oktober 1934

Versand von Protestbriefen von allen Ortsgruppen der Zeugen Jehovas im Deutschen Reich an die Reichsregierung oder Adolf Hitler persönlich. Parallel Versand von Protesttelegrammen aus dem Ausland.

12. Dezember 1936

Verbreitung der Luzerner Resolution im ganzen Deutschen Reich. Das Protestflugblatt enthielt den Text einer Resolution, die auf einem Kongress der Zeugen Jehovas in Luzern (Schweiz) beschlossen worden war.

11. Februar 1937

Wiederholung der Aktion vom 12. Dezember 1936.

2. Februar bis 13. August 1937

Inhaftierung von Ritas Vater Ludwig Glasner wegen Mitwirkung an der Verbreitung der Luzerner Resolution am 12. Dezember 1936 in München.

13. Mai 1937

Verhandlung Ludwig und Katharina Glasner vor dem SondergerichtMünchen. Urteil Ludwig Glasner: Gefängnisstrafe von sechs Monaten. Urteil Katharina Glasner: Gefängnisstrafe von drei Wochen.

2. Juli 1937

Einführung der Mitteilungspflicht. Von diesem Zeitpunkt an mussten die Gefängnisse die Polizei über alle vor der Entlassung aus dem Gefängnis stehenden Zeugen Jehovas informieren. Diese Strafgefangenen wurden dann in der Regel am Tag der Entlassung in Schutzhaft genommen. Ludwig Glasner war von dieser Regelung betroffen.[1)]

August 1937

Ritas Mutter Katharina für drei Wochen inhaftiert.

1941

Ludwig Glasner muss mit seinem Arbeitgeber nach Russland, um für die Wehrmacht Brücken zu bauen. Das Unternehmen seines Schwagers war 1940/41 der Wehrmacht unterstellt worden.

August 1942

Rita Glasner lässt sich mitten im Krieg und unter Verbot als Zeugin Jehovas in der Badewanne der Familie Eibl von Franz-Xaver Klotz taufen.

25. November 1943

Erneute Verhaftung von Katharina Glasner.

November / Dezember 1943

Katharina Glasner wird wiederholt verhört und gefoltert. Tochter Rita muss von einem Nebenzimmer aus verfolgen, wie ihre Mutter vom Gestapo-Beamten verhört und misshandelt wird.

1) Wachsmann, Nikolaus: Gefangen unter Hitler - Justizterror und Strafvollzug im NS-Staat, München 2004, Seite 184.

25. November 1943 bis Februar 1944

Rita ist etwa drei Monate völlig auf sich allein gestellt, mitten im Krieg.

Februar 1944

Rita wird von der in der Nähe wohnenden Franziska Ziss aufgenommen, nachdem diese für Rita die Vormundschaft übernommen hatte. Franziska Ziss ist die Schwester des kommunistischen Widerstandskämpfers Bertold Kimberger, der im selben Haus wie die Familie seiner Schwester wohnt.

2. August 1944

Katharina Glasner wird während ihrer Haft im Gefängnis Weilheim die Anklageschrift des Volksgerichtshofes Berlin übersandt.

August 1944

Katharina Glasner wird wegen der bevorstehenden Verhandlung vor dem Volksgerichtshof nach Berlin in das Polizeigefängnis Moabit in Einzelhaft überstellt.

August 1944

Fahrt von Rita mit ihrer Vormundin Franziska Ziss zum Prozess gegen ihre Mutter nach Berlin.

29. August 1944

Verhandlung von Katharina Glasner und weiteren Zeugen Jehovas vor dem Volksgerichtshof. Nach übereinstimmenden Berichten von vier Beteiligten wurden zunächst Todesurteile ausgesprochen, die dann auf sieben Jahre Zuchthaus abgeändert wurden (siehe auch Kapitel 4, Seite 96, Fußnote 9).

Anfang Februar 1945

Fahrt von Rita mit ihrem Vater und ihrer Vormundin nach Waldheim, um die in einem Außenlager inhaftierte Katharina Glasner zu besuchen.

8. Mai 1945

Entlassung von Katharina Glasner aus dem Zuchthaus Waldheim infolge des Kriegsendes.

Mai 1945

Katharina Glasner kehrt nach München zurück und holt ihre Tochter Rita von Familie Ziss ab.

3. PROTESTBRIEFE, FLUGBLÄTTER UND ANDERE PUBLIKATIONEN, MIT DENEN DIE ZEUGEN JEHOVAS AUF IHRE VERFOLGUNG ÖFFENTLICH AUFMERKSAM MACHTEN

7. Oktober 1934

Versand von Protestbriefen gegen die Verfolgung der Zeugen Jehovas an die Reichsregierung oder Adolf Hitler persönlich. Diese Briefe wurden von allen Ortsgruppen der Zeugen Jehovas im Deutschen Reich versandt. Außerdem wurden Tausende Protesttelegramme aus dem Ausland versandt.

12. Dezember 1936

Verbreitung des Protestflugblattes „Resolution" im ganzen Deutschen Reich, mit dem gegen die Verfolgung der Zeugen Jehovas durch das NS-Regime protestiert wurde. Das Flugblatt enthielt den Text einer Resolution, die auf einem Kongress der Zeugen Jehovas verabschiedet worden war, der in der Zeit vom 4. bis 7. September 1936 in Luzern stattfand. Unter den Anwesenden waren etwa 300 deutsche Zeugen Jehovas, die illegal in die Schweiz gereist waren, darunter auch einige Münchner. (Abdruck der Resolution: siehe Abbildung 8)

11. Februar 1937

Wiederholung der Aktion vom 12. Dezember 1936, die aber infolge einer Vielzahl zwischenzeitlich erfolgter Festnahmen von Zeugen Jehovas nicht mehr den Umfang der ursprünglichen Aktion vom 12. Dezember 1936 hatte.

20. Juni 1937

Verbreitung des Protestflugblattes „Offener Brief" im ganzen Deutschen Reich. In dem Flugblatt wurde detaillierter auf die Verfolgung der Zeugen Jehovas eingegangen. Die Historikerin Marion Detjen bezeichnete dieses Flugblatt als „verzweifelten Aufschrei gegen Verfolgungen und Misshandlungen" der Zeugen Jehovas.

Mai 1938

Veröffentlichung des Buches „Kreuzzug gegen das Christentum" in der Schweiz (Europa-Verlag, Zürich/New York). In dem Buch wurden aus Deutschland in die Schweiz geschmuggelte Berichte über die Verfolgung der Zeugen Jehovas zusammengestellt.

ab 1933

Veröffentlichung von Artikeln zur Situation in Deutschland in Ausgaben der von Jehovas Zeugen herausgegebenen Zeitschriften „Der Wachtturm" und „Das goldene Zeitalter" (heute: Erwachet!), teilweise auch unter Decknamen wie „Ausblick".

4. STIMMEN ZUR VERFOLGUNG DER ZEUGEN JEHOVAS IM „DRITTEN REICH"

„Die Religionsgemeinschaft der Zeugen Jehovas gehörte zu den am schlimmsten verfolgten und sich am konsequentesten auflehnenden Gruppen im ‚Dritten Reich'."

(Marion Detjen, Historikerin: Zum Staatsfeind ernannt, München 1998, Seite 237)

„Von außergewöhnlicher Glaubensstärke und beeindruckender Unbeugsamkeit zeugt die Kraft der ‚Ernsten Bibelforscher' (heute bekannt als Zeugen Jehovas), die sich einer Unterwerfung unter die Kategorien des Nationalsozialismus verweigerten - und für ihren Glauben sogar in den Tod gingen. Maßgeblich für die Haltung dieser Menschen waren ausschließlich die Worte der Bibel. Göttliches Recht stand über weltlichem Recht."

(Andreas Heusler, Historiker: Handlungsoption und Lebensrisiko - Überlegungen zum Widerstand gegen den Nationalsozialismus in München, München 2009, Seite 11, veröffentlicht auf der Website Stolpersteine-Muenchen.de)

„Zweimal, am 12. Dezember 1936 und am 20. Juni 1937, gelangen ihnen [den Zeugen Jehovas] mit der schlagartig im ganzen Reichsgebiet durchgeführten Verteilung von Protestflugblättern Propagandacoups, wie sie in diesem Umfang keine andere illegale Gruppe zustande brachte."

(Horst Möller, Volker Dahm, Hartmut Mehringer, Institut für Zeitgeschichte: Die tödliche Utopie, München 1999, Seite 293)

„Sie [Die Zeugen Jehovas] können für sich in Anspruch nehmen, die einzigen Kriegsdienstverweigerer großen Stils zu sein, die es im Dritten Reich gegeben hat, und zwar offen und um des Gewissens willen."

(Hanns Lilje, Landesbischof: Im finstern Tal. Nürnberg 1947, S. 64f., zitiert in Detlef Garbe, Historiker: Zwischen Widerstand und Martyrium - Die Zeugen Jehovas im ‚Dritten Reich', München 1994, Seite 11)

„Schon früh [wurde] die Idee eines im Grundgesetz zu verankernden Rechts auf Kriegsdienstverweigerung mit der NS-Verfolgung der Zeugen Jehovas als Kriegsdienstverweigerer verknüpft und begründet."

(Hans Hesse, Historiker, in Horst Schmidt: Der Tod kam immer montags, Essen 2003, Seite 139)

„Allein in Deutschland waren 10.700 [von 25.000] Zeugen Jehovas von Verfolgungsmaßnahmen [...] betroffen. Über 8.800 deutsche Zeugen Jehovas wurden inhaftiert, davon 2.800 in Konzentrationslager, unter ihnen nahezu 1.000 Frauen [...] Ungefähr jeder vierte der ‚Bibelforscher-Häftlinge' kam in der KZ-Haft ums Leben. Die Zahl der Todesopfer unter den deutschen Zeugen Jehovas betrug insgesamt 950 (darunter 300 Zeugen, die aufgrund einer wehrmachtgerichtlichen Verurteilung wegen Kriegsdienstverweigerung hingerichtet wurden)."

(Detlef Garbe, Historiker, in Das Konzentrationslager Dachau, Berlin 2008, Seite 235)

Gestapo-Scherge endlich vor dem Richter

Gerhard Grimm war als Schläger berüchtigt / 1954 angeklagt – jetzt Verhandlung

Vor der 1. Großen Strafkammer beim Landgericht München I begann gestern unter dem Vorsitz von Landgerichtsdirektor Konrad Forster die Verhandlung gegen den ehemaligen Gestapobeamten Gerhard Grimm. Der Eröffnungsbeschluß wirft dem 55jährigen Angeklagten vor, in 20 Fällen als Beamter durch Körperverletzung oder schwere Körperverletzung Aussagen erpreßt, beziehungsweise den Versuch dazu gemacht zu haben.

Die Staatsanwaltschaft hatte die Anklage gegen Grimm bereits 1954 erhoben, doch hatte der Beschuldigte es unter Hinweis auf seinen Gesundheitszustand, der ihn verhandlungsunfähig mache, immer wieder verstanden, den Prozeßbeginn hinauszuschieben. Auch diesmal mußte er durch die Polizei aus einem Erlanger Krankenhaus geholt werden, wohin ihn seine Verteidigerin am Montagabend hatte schaffen lassen. Eine auf Veranlassung des Gerichts erfolgte Untersuchung durch den Chefarzt des Krankenhauses hatte die Verhandlungsfähigkeit Grimms ergeben, eine Diagnose, die durch den ersten Verhandlungstag in jeder Weise bestätigt wurde. Der wegen eines Bandscheibenleidens auf einer Bahre liegende Angeklagte konnte ohne Mühe alle Fragen beantworten und unterhielt sich während der Pausen, auf einem Stuhl sitzend, mit dem als Vertreter seiner Verteidigerin erschienenen Rechtsanwalt.

Mit dem Ellenbogen die Zähne eingeschlagen

Die Delikte, die dem Angeklagten zur Last gelegt wurden, hatten sich sämtlich in der Zeit von 1943 bis Kriegsende ereignet, während Grimm als Kriminalbeamter der Gestapo in der Abteilung „Religiöse Sekten" eingesetzt war. In dieser Eigenschaft hatte er Angehörige dieser Gemeinschaften festzunehmen und zu verhören. Was er sich dabei zuschulden kommen ließ, nahm sich in seinem Mund sehr mild aus und stand auf jeden Fall im krassen Widerspruch zu den Ergebnissen der Voruntersuchung. So beschuldigte ihn die Anklageschrift, der Frau eines Bibelforschers während einer Vernehmung mit dem Ellenbogen drei Zähne eingeschlagen und sie mit dem Gummiknüppel mißhandelt zu haben, weil sie sich weigerte, andere Glaubensgenossen preiszugeben. Dazu Grimm: „Nicht deswegen, sondern weil sie mich ständig mit Bibelsprüchen nervös gemacht hat, ist mir der Gaul durchgegangen. Ich betone aber, daß ich ihr nur ein paar Ohrfeigen gegeben habe und beim Zuschlagen überhaupt nie einen Gummiknüppel oder ein sonstiges Instrument verwendet habe."

24 Kinnhaken für einen Mann

Darauf bestand er auch bei allen anderen Anklagepunkten. Stellte der Eröffnungsbeschluß fest, daß er eine Zeugin Jehovas mit beiden Händen mißhandelt, sie mit einem Stock blutig geschlagen und an den Haaren durchs Zimmer geschleift habe, so war seine Erwiderung: „Ich habe der Frau ein paar Ohrfeigen gegeben, und es kann sein, daß ich sie auch ein bißchen an den Haaren gepackt habe. Von Schleifen oder der Verwendung eines Stockes kann jedoch nicht die Rede sein." Ein anderer Anklagepunkt besagte, er habe einem Mann, den er an seinem Arbeitsplatz verhaftete, dabei 24 Kinnhaken gegeben, weil er in dessen Spind 24 regierungsfeindliche Flugblätter gefunden habe. Bei der Vernehmung habe er so lange auf sein Opfer eingeschlagen, bis dieses zusammenbrach, und sei dann noch mit Füßen auf ihm herumgetreten. Grimm schilderte den Fall so: „Ich habe dem Mann einen Kinnhaken gegeben, weil er seinen Spind nicht durchsuchen lassen wollte, dann habe ich ihn zur Vernehmung geführt. Passiert ist dabei nichts mehr." Hier wurde er durch seine eigene Aussage aus dem Jahr 1949 widerlegt, wo er immerhin noch von „zwei bis drei Ohrfeigen während der Vernehmung" gesprochen hatte.

„... nur mit rauhen Worten angefaßt"

Ein besonders brutales Verhalten Grimms hatten die Voruntersuchungen auch im Fall eines Alteisenhändlers ergeben, der mit einer Jüdin verheiratet war und dem staatsfeindliche Äußerungen vorgeworfen waren. Ihn hatte der Angeklagte bei der Verhaftung gefesselt, an die Wand gedrückt und auf ihn eingeschlagen mit den Worten: „Ich schlag' dich so lange, bis du gestehst." „Davon kann keine Rede sein", behauptete er jetzt. „Ich habe den Mann festgenommen, ihn aber in keiner Weise geschlagen, sondern nur mit rauhen Worten angefaßt." Daß er den Alteisenhändler, als der Ermittlungsrichter ihn im März 1945 freigelassen hatte, ins KZ Dachau hatte bringen lassen, sei „damals üblich gewesen". „Der Man wurde vom Ermittlungsrichter an uns zurücküberwiesen. Daß er nach Dachau gebracht wurde, lag daran, daß in München die Gefängnisse überfüllt waren."

Täglich nur wenige Verhandlungsstunden

Da der Gesundheitszustand Grimms nur wenige Verhandlungsstunden am Tag zuläßt, ist mit dem Ende des Prozesses erst nächste Woche zu rechnen. Wir werden nach den Zeugenaussagen einen Zwischenbericht veröffentlichen.

Erwin Tochtermann

Anlage 1: Süddeutsche Zeitung vom 9. März 1961 (besprochen auf Seite 151)

Seite R 6 / Fürstenfeldbrucker SZ Nr. 181

Tafel für Zeugen Jehovas

Heute Feierstunde in der KZ-Gedenkstätte Dachau

Dachau ■ Heute wird in der KZ-Gedenkstätte Dachau eine Gedenktafel für die NS-Pötzinger Opfergruppe der Zeugen Jehovas enthüllt. Die Tafel ist pur- ... wie der Winkel, mit ... dieser

vas annahmen, wurden von den deutschen Faschisten unerbittlich verfolgt.

Die Nazis sahen in ihnen „Wegbereiter des jüdischen Bolschewismus". Bereits im I. Weltkrieg wurden sie von Deutschvölkischen bekämpft, wie sie ... „fremd-
die Wehr-
gangspro-
zten. Sie
laubensge-
nach und
schen Län-
eugen Jeho-
vitäten kon-
en im Unter-
hrift *Wach-*
anisierten ei-
Zeitschriften-
rieb Detlef
zyklopädie des
nus". Zeugen
erten den Hit-
tgliedschaft in
nd den Kriegs-
Wehrmacht. Bis
den Nazis, die
anisation der
s weitgehend zu
aut Garbe wur-
00 Bibelforscher
ermordet, darun-
iegsdienstverwei-
chtet. *bip*

62 - 14 III. 61

Die Mißhandelten treten auf

Zeugenaussagen gegen Gestapo-Schläger Grimm / Urteil in den nächsten Tagen

62 ★ 14 III 61

In dem Prozeß gegen den ehemaligen Gestapobeamten Gerhard Grimm (siehe auch unseren Eröffnungsbericht in der Ausgabe vom 9. März) wurde gestern mit den letzten Zeugenaussagen die Beweisaufnahme abgeschlossen. Sie ergab, wie zu erwarten war, ein ganz anderes Bild von den Vernehmungsmethoden des Angeklagten, als dieser sie dargestellt hatte.

Dabei konnte man wirklich nicht sagen, daß sich die Zeugen auch nur im mindesten rachsüchtig gezeigt hätten. Besonders die Bibelforscher betonten nicht selten, daß sie den Angeklagten nicht belasten wollten. Der Vorsitzende, Landgerichtsdirektor Konrad Forster, sah sich mehr als einmal zu der Feststellung veranlaßt: „Herr Zeuge, es kommt hier nicht darauf an, was Sie wollen, sondern daß Sie die Wahrheit sagen und nichts anderes."

Auf diese Belehrung hin berichteten die früheren Opfer des Gestapomanns schließlich, daß Grimm wütend auf sie eingeschlagen habe, wenn sie nicht bereit waren, ihre Glaubensbrüder preiszugeben. Auch mit Schimpfnamen sei er nicht gerade wählerisch gewesen, und wenn alle Schläge nichts genützt hätten, habe er gebrüllt: „Du kommst nicht mehr heraus, wenn du nichts zugibst!"

Faustschläge und Stiefeltritte

Besonders schwer belastet wurde der Angeklagte durch den Alteisenhändler, der ihm im März 1945 wegen angeblicher staatsfeindlicher Äußerungen in die Hände gefallen war. „Schon bei der Verhaftung in meiner Wohnung", erzählte der Zeuge, „hat er mich, nachdem er mir Fesseln angelegt hatte, an die Wand gedrückt und auf mich eingehaut, damit ich gestehen sollte. Dasselbe machte er bei drei Vernehmungen, von denen mir besonders die letzte unvergeßlich ist: Er schlug mich solange mit der Faust, bis ich zusammenbrach. Dann trat er mich mit seinen Stiefeln in den Körper. Weil nichts aus mir herauszubringen war, wurde ich vor den Ermittlungsrichter geführt, der meine Freilassung anordnete. Man brachte mich jedoch zu Grimm zurück, der zu mir sagte: ‚Du kommst nach Dachau, du wirst verwurschtelt.' Darauf wurde ich ins KZ abtransportiert."

„Einer der größten Sadisten"

Grimm bestritt vor allem die Tritte mit dem Stiefel aufs entschiedenste: „Ich habe nie eine Vernehmung in Uniform und mit Stiefeln durchgeführt", behauptete er, wurde aber auch in diesem Punkt von anderen Zeugen widerlegt. Und die Unwahrscheinlichkeit der Behauptung Grimms, er habe immer nur mit der Hand zugeschlagen, wurde von Aussage zu Aussage größer. So bekundete der Zeuge D.: „Er hat mich bei einer Vernehmung mit einer Peitsche und mit der Faust ins Gesicht und auf den Körper geschlagen, während ein anderer mit offener Pistolentasche dabeistand und zusah. Und selbst ein Gestapomann hat zu mir einmal gesagt: Grimm ist einer unserer größten Sadisten."

Auch die Aussage, die der Sohn des Alteisenhändlers, ein Halbjude, machte, war eine einzige Belastung: „Er wollte von mir den Aufenthaltsort meiner Schwester wissen. Da ich nichts sagte, schlug er mit seinen Fäusten und einem Damenstiefel, den er in der Hand hatte, auf mich ein und beschimpfte mich als ‚Saujud' und ‚Dreckjud'. Nach dieser Vernehmung hatte ich blutende Verletzungen an Mund und Oberkiefer." Dazu Grimm: „Ich habe ihn nur mit Händen geschlagen. Allerdings kann ich mich erinnern, daß der Zeuge danach ein blutunterlaufenes Auge hatte."

Lediglich die letzten Zeugen brachten einiges zugunsten des Angeklagten vor. So habe er einmal einen Halbjuden vor der Deportation nach Theresienstadt bewahrt, indem er dessen Akte verbrannte, ein anderesmal die Einweisung einer Jüdin ins KZ durch eine entsprechende Anweisung verhindert. Als daraufhin die Verteidigung noch weitere Zeugen für das einwandfreie Verhalten des Angeklagten bei Vernehmungen anbot, wandte sich der Staatsanwalt mit der Begründung dagegen: „Das hat erstens mit der Anklage nichts zu tun, und zweitens sollte es doch selbstverständlich sein, daß ein Beamter sich im Dienst eines einwandfreien Benehmens befleißigt." — Das Urteil ist in den nächsten Tagen zu erwarten. *Erwin Tochtermann*

Anlage 2: Süddeutsche Zeitung vom 14. März 1961 (besprochen auf Seite 151)

…m 3. Dezember 1942 wurde Magdalena Willibald von der Gestapo verhaftet

…on Stadelheim ins KZ Ravensbrück

…ie Estingerin und ihr Mann waren Zeugen Jehovas / In St. Lambert von britischen Truppen befreit

…sting/München ■ Magdalena …ehl war damals 15 Jahre alt und …solvierte eine Lehre als Schneirin. Als sie am Mittag des 3. Dember 1942 in die elterliche Wohnng in der Erzgießereistraße in …ünchen zurückkehrte, war die …ohnung durchsucht worden. …le Schubladen waren durch…ihlt und ihr Inhalt auf den Bo…n gekippt worden. Auf dem …sch in der Küche stand das Es…n, die Eltern waren verschwun…n. „Ich wusste nicht was los …ar", erzählte Diehl sechs Jahr…hnte später. Bis sie in dem, wie …e sagt Verhau, einen kleinen Zet…l fand: „Wir sind bei der Ge…apo in der Brienner Straße."

…agdalena Willibald (Esting) …n den Zeugen Jehovas wurde …s KZ verschleppt. Foto: Archiv der Zeugen Jehovas

Die Mutter, Magdalena Willi…ld, geborene Sedlmeier, war am …. Mai 1898 in Esting geboren …orden. Anfang der 20er Jahre …nte sie in München ihren Mann, …nen Holzarbeiter aus Lenggries, …nnen. Nach der Heirat wohnte …s Paar in Lenggries, wo auch die …chter zur Welt kam. Später zog …e Familie nach München.

1926 erlitt Martin Willibald ei…n schweren Arbeitsunfall und …urde in der Chirurgie in Mün…en behandelt. Nach seiner Genesung lernte er am Stachus einen …eugen Jehova kennen. Aus dem Kontakt entwickelte sich eine Freundschaft, schließlich trat die Familie, bis auf den Sohn, der Glaubensgemeinschaft bei.

Eine Woche nachdem die Willibalds 1942 verschleppt worden waren, wagte sich die Tochter zur Gestapo, um sich nach den Eltern zu erkundigen. Die 15-Jährige wurde ebenfalls verhört. Die Nazis wollten Namen von anderen Zeugen Jehovas hören und suchten nach Exemplaren der Zeitschrift *Wachturm*. Magdalena Diehl erfuhr wenigstens, dass ihre Eltern im Polizeipräsidium in der Ettstraße festgehalten wurden.

Sehen durfte sie sie nicht, nur zu Weihnachten einen Kuchen abgeben. Der Vater wurde ins Gefängnis Neudeck verlegt, die Mutter nach Stadelheim gebracht. Die Tochter harrte ein Jahr lang alleine in der Wohnung und mit einem Lehrlingsgehalt von 1,50 Reichsmark pro Woche aus. Zum Essen ging sie meist zur Großmutter, die in einer winzigen Wohnung in der Georgenstraße lebte. Eine Angestellte in dem Betrieb, in dem Diehl arbeitete, steckte dem Mädchen hin und wieder fünf Mark zu. Ab und an erschien eine Frau von der NSDAP, um ihren Lebenswandel zu kontrollieren.

Ein Jahr Gefängnis

Im Frühjahr 1944 wurde Martin Willibald wegen Betätigung für die Zeugen Jehovas zu einem Jahr Gefängnis verurteilt. Die Strafe galt durch die U-Haft als abgesessen. Seine Frau Magdalena wurde freigesprochen, aber ein Gestapo-Mann kündigte noch im Gerichtssaal an: „Noch sind Sie nicht frei, Frau Willibald." Statt dessen wurde Magdalena Willibald in das Frauen-Konzentrationslager Ravensbrück verschleppt, später in das Nebenlager St. Lambrecht. Der Sohn, der nicht den Zeugen Jehovas angehörte, diente in der Wehrmacht im Afrikakorps und desertierte zu den Engländern, nachdem er erfahren hatte, was der Familie zugestoßen war.

Im Mai 1938 hatte die SS das Benediktinerkloster St Lambrecht in der Nähe von Graz übernommen und als Gut geführt. Vier Jahre später trafen etwa 100 Häftlinge aus dem KZ Dachau ein, die dort Zwangsarbeit leisten mussten. Im November 1942 wurde St. Lambrecht dem KZ Mauthausen zugeordnet. Die Häftlinge hausten im Wirtschaftsgebäude des Stifts und mussten in der

Die Insassen des Frauen-Konzentrationslagers Ravensbrück mussten Zwangsarbeit leisten. Magdalena Willibald wurde zuerst nach Ravensbrück, dann nach St. Lambert gebracht. bip/Foto: SZ-Archiv

Land- und Forstwirtschaft arbeiten. Im Frühjahr 1943 wurde in dem Kloster ein kleines Frauenlager eingerichtet.

Wann Magdalena Willibald nach St. Lambert deportiert wurde, lässt sich nicht genau feststellen. Der Name der Estingerin ist in den Häftlingslisten verzeichnet, die in der Gedenkstätte von Mauthausen aufbewahrt werden. Als Zugangsdatum ist der 15. September 1944 vermerkt, allerdings handelt es sich um den Tag, an dem St. Lambert ein Außenlager von Ravensbrück wurde.

Die etwa 30 weiblichen Häftlinge in St. Lambert wurden in die Kategorie Bibelforscher für Zeugen Jehovas eingereiht. Sie wurden im Paterre eines Traktes des Stifts untergebracht, mit vergitterten Fenstern und schmiedeeisernem Tor. Die Frauen mussten in der Küche und der Reinigung des Lagers und in der Forstwirtschaft arbeiten. Die SS-Aufseherinnen waren brutal. Wenige Tage vor Kriegsende flüchteten die SS-Wachen, die Häftlinge übernahmen die Kontrolle über St. Lambert. Am 11. Mai 1945 erreichten britische Truppen den Ort.

Im Oktober 1945 kehrte Magdalena Willibald nach Hause. Vater und Tochter, die ausgebombt worden waren, lebten in Pasing. Über die Leidenszeit wurde später selten geredet. „Ich habe nicht gefragt und sie hat nicht viel darüber gesprochen", erzählt Diehl. Immerhin bekam die gebürtige Estingerin Magdalena Willibald, die 1973 starb, als Verfolgte des NS-Regimes eine kleine finanzielle Entschädigung. PETER BIERL

193

Anlage 3: Fürstenfeldbrucker SZ vom 8. August 2003 (besprochen auf den Seiten 47 bis 51)

6. PERSONENVERZEICHNIS

7. SACHVERZEICHNIS

I

J

K

L

M

N

O

P

R

8. ORTSVERZEICHNIS

(auch Gebietsbezeichnungen,
Ortsteile)

9. ABBILDUNGSNACHWEIS

Bis auf die nachfolgend aufgeführten Abbildungen stammen alle mit einer Nummer versehenen Dokumente und Fotos aus dem Privatarchiv von Rita Berger.

Kapitel 1

S. 12 (Abb. 2:)
Amtliches Dokument, Nr. 2024 K7

S. 13 (Abb. 3:)
Reichsgesetzblatt 1933 Nr. 1, Seite 83

S. 15 (Abb. 4):
Aufnahme Christoph Wilker

S. 20 (Abb. 7):
StAM StAnW Nr. 8551/2

S. 26 (Abb. 8):
Archiv der Zeugen Jehovas, Selters/Ts.

Kapitel 2

S. 34 (Abb. 10),
S. 37 (Abb. 11):
Aufnahmen Christoph Wilker

S. 42 (Abb. 13):
Zeichnung Manuel Waldhans, München

Kapitel 3

S. 61 (Abb. 21),
S. 62 (Abb. 22):
Aufnahmen Christoph Wilker

S. 62 (Abb. 23):
Stadtarchiv München

S. 63 (Abb. 24):
StAM StAnW SpK A K 558 Grimm, Gerhard (im Dokument versehentlich mit Spk A K 559 angegeben)

S. 72 (Abb. 26):
Stadtarchiv Weilheim i. OB, Fotosammlung

S. 80 (Abb. 28):
StAM StAnW 11743

Kapitel 4

S. 92 (Abb. 30):
Privatachiv Sylvia Sohr, Taufkirchen

S. 93 (Abb. 31):
Archiv der Zeugen Jehovas, Selters/Ts.

Kapitel 5

S. 115 (Abb. 38 und 39):
Privatarchiv Sylvia Sohr, Taufkirchen

S. 119 (Abb. 40):
Privatarchiv Werner Ebstein, USA

S. 134 (Abb. 45):
Archiv Zeugen Jehovas Lörrach

Kapitel 6

S. 157 (Abb. 57):
Aufnahme Mario Denk, Grafing

S. 162 (Abb. 59):
Aufnahme Christoph Wilker

Kapitel 7

S. 172 (Abb. 60):
Archiv der Zeugen Jehovas, Selters/Ts..

Nachwort zur zweiten Auflage

S. 174 (Abb. 61 und 62)
Aufnahmen Christoph Wilker

S. 177 (Abb. 64)
Aufnahme Helmut Gemach

S. 177 (Abb. 65)
Aufnahme Christoph Wilker

Weitere Abbildungen

S. 33 Ostmark Medaille:
Rainer Neuberger, Kandern

S. 35 Hitlergruß:
Bundesarchiv,
Bild 183-H13160 / o.Ang. / CC-BY-SA 3.0

S. 36 Ja dem Führer:
Marie Weisel, Fürth

S. 43 Heilig soll uns sein jede Mutter guten Blutes (Lebensborn-Abzeichen):
Lebensspuren e.V.

S. 51 KZ Ravensbrück:
Bundesarchiv,
Bild 183-1985-0417-15 / o.Ang. / CC-BY-SA 3.0

S. 81 Volksgerichtshof:
Bundesarchiv,
Bild 151-39-23 / o.Ang. / CC-BY-SA 3.0

S. 131 Vormarsch der Roten Armee: Bundesarchiv,
Bild 183-R0130-329 / o.Ang. / CC-BY-SA 3.0

Der Autor hat sich bemüht, alle Rechteinhaber der Abbildungen ausfindig zu machen. Berechtigte Ansprüche werden selbstverständlich im Rahmen der üblichen Vereinbarungen abgegolten.

10. ABKÜRZUNGSVERZEICHNIS

BayHStA	Bayerisches Hauptstaatsarchiv München
BdM	Bund Deutscher Mädel, der weibliche Zweig der Hitlerjugend
DKP	Deutsche Kommunistische Partei
Gestapo	Geheime Staatspolizei
HJ	Hitlerjugend
IBV	Internationale Bibelforscher-Vereinigung (heute: Religionsgemeinschaft der Zeugen Jehovas)
ITS	International Tracing Service (Internationaler Suchdienst), eine Einrichtung zur Dokumentation, Information und Forschung über die nationalsozialistische Verfolgung und den Holocaust mit Sitz in Bad Arolsen
JZ	Jehovas Zeugen
KSStRVO	Kriegssonderstrafrechtsverordnung
LEA	Landesentschädigungsamt
LfF	Landesamt für Finanzen
NS	Nationalsozialismus
NSDAP	Nationalsozialistische Deutsche Arbeiterpartei
OB	Oberbayern
OLG	Oberlandesgericht
RGBl	Reichsgesetzblatt
RKG	Reichskriegsgericht, das im Nationalsozialismus höchste deutsche Militärgericht
RM	Reichsmark
SPD	Sozialdemokratische Partei Deutschlands
SS	Schutzstaffel, zunächst die Parteipolizei der NSDAP, ab 1934 auch zuständig für die Konzentrationslager. Mit der schrittweisen Übernahme der Polizeigewalt wurde die SS schließlich zum wichtigsten Machtinstrument Hitlers
StAM	Staatsarchiv München
StAnW	Staatsanwaltschaften
SZ	Süddeutsche Zeitung
VGH	Volksgerichtshof Berlin
VVN	Vereinigung der Verfolgten des Naziregimes
WT	Der Wachtturm, Zeitschrift der Zeugen Jehovas
ZJ	Zeugen Jehovas

11. VERWENDETE ODER ERWÄHNTE LITERATUR

Baumann, Angelika und Heusler, Andreas:
Kinder für den Führer – Der Lebensborn in München,
München 2013

Benz, Wolfgang und Distel, Barbara (Hrsg.):
Dachauer Hefte Nr. 10, Dachau 1994

Detjen, Marion:
„Zum Staatsfeind ernannt", Widerstand, Resistenz und
Verweigerung gegen das NS-Regime in München, München 1998

Eberle, Henrik:
Briefe an Hitler, Bergisch Gladbach 2007

Garbe, Detlef:
Zwischen Widerstand und Martyrium – Die Zeugen Jehovas im „Dritten Reich", München 1994

Habicht, Martin:
Zuchthaus Waldheim 1933–1945, Berlin 1988

Institut für Zeitgeschichte,
(Horst Möller, Volker Dahm, Hartmut Mehringer):
Die tödliche Utopie, München 1999

Tuckermann, Anja:
Denkt nicht, wir bleiben hier – Die Lebensgeschichte des Sinto Hugo
Höllenreiner, München / Wien 2005

Wachsmann, Nikolaus:
Gefangen unter Hitler – Justizterror und Strafvollzug im NS-Staat, München 2004

Wiesel, Elie:
Die Nacht – Erinnerung und Zeugnis, Freiburg 1958/2008

Wilker, Christoph:
„Verfolgung und Standhaftigkeit der Zeugen Jehovas in Schwabing" in: Macek, Ilse: „ausgegrenzt– entrechtet – deportiert: Schwabing und Schwabinger Schicksale 1933 bis 1945", München 2008, Seite 354 - 373

12. GENUTZTE ARCHIVE

Archiv der KZ-Gedenkstätte Dachau
Archiv der Zeugen Jehovas, Selters/Ts.
Bundesarchiv Berlin
Landesamt für Finanzen, München
Landesentschädigungsamt Bayern
Staatsarchiv Leipzig
Staatsarchiv München
Stadtarchiv München
Stadtarchiv Weilheim i. OB

13. QUELLENHINWEISE

Die Informationen dieses Buches beruhen im Wesentlichen auf Gesprächen des Autors mit Rita Berger, geborene Glasner, und auf zahlreichen Dokumenten, die zum Teil in diesem Buch abgebildet sind. Sämtliche Dokumente befinden sich im Privatbesitz von Rita Berger.

Ausnahmen sind mit gesonderter Quellenangabe angegeben (siehe dazu den Abbildungsnachweis im Anhang).

14. DER AUTOR

Christoph Wilker (*1956) beschäftigt sich seit mehreren Jahrzehnten mit der NS-Zeit und hier insbesondere mit der Verfolgung und dem Widerstand der Zeugen Jehovas.

Er wirkte bei mehreren Forschungs- und Ausstellungprojekten zur NS-Zeit mit, wie den Ausstellungen:

– „Die vergessenen Opfer“ 1977 im Münchner Gasteig
– „Ort und Erinnerung – Nationalsozialismusin München“ 2006 in der Münchener Pinakothek der Moderne
– Sonderausstellung „Fürchtet euch nicht! Verfolgung von Jehovas Zeugen im Dreiländereck“ 2014 in der Gedenkstätte für Flüchtlinge in Riehen bei Basel/Schweiz.

Bei den folgenden Veröffentlichungen trug er jeweils ein Kapitel zur Verfolgungsgeschichte der Zeugen Jehovas bei:

– „Sendling 1933-1945“ (Sabine Schalm / Elsbeth Bösl, 2005)
– „ausgegrenzt – entrechtet – deportiert: Schwabing und Schwabinger Schicksale 1933 bis 1945“ (Ilse Macek, 2008).

Zuletzt recherchierte und schrieb er für das NS-Dokumentationszentrum München.

D A N K

Ohne die Unterstützung wertvoller Menschen wäre dieses Buch nicht erschienen. Die Zusammenarbeit, ob kurz oder lang, bereicherte mich ganz nebenbei mit vielen schönen Begegnungen und Erfahrungen, wofür ich mit diesen Zeilen meine Wertschätzung ausdrücken möchte.

Ganz besonders und herzlich danke ich dem Grafikdesigner Rainer Neuberger, der sein Know-how einbrachte und viel Zeit investierte, um das Buch ansprechend zu gestalten, und der Historikerin Dr. Sabine Schalm für ihre wiederholte sachkundige Beratung, durch die ich wichtige Impulse erhielt. Nadine Lorenz danke ich für die satztechnischen Arbeiten in Verbindung mit der zweiten Auflage.

Wertvolle Unterstützung habe ich erfahren von meiner Frau Gudrun und meinen Kindern Kai und Vivian, ebenfalls von Klaus Baum und Anita Patschkowski.

Für erteilte Auskünfte oder andere Hilfestellungen danke ich außerdem Ruth Bessel, Bernd Braune, Mario Denk, Leni und Heinrich Diehl, Alexander Ebstein (verstorben 27. Februar 2015), Werner Ebstein, Erhard Klein, Olga Kögl, Heinz Kupka, Friedbert Mühldorfer, Marco Pendt, Dr. Martin Picherer, Holger Schelpmeier, Sylvia Sohr und Manuel Waldhans.

Vor allem gilt mein ganz herzlicher Dank Rita Berger, geb. Glasner, für das mir entgegengebrachte große Vertrauen, ihre Offenheit und ihre Bereitschaft, mir jederzeit für Auskünfte zur Verfügung zu stehen.

Erst im hohen Alter von 82 Jahren hatte sie begonnen, über ihre Erlebnisse der NS-Zeit zu erzählen. Dadurch, dass sie mir Einblick in ihr Leben und das ihrer Eltern einschließlich umfangreich vorhandener Dokumente gewährte, ermöglicht sie es den Leserinnen und Lesern, aus ihren persönlichen Erfahrungen und denen ihrer Eltern zu lernen und Schlüsse für das eigene Leben zu ziehen.

Mich persönlich haben die Gespräche mit Rita sehr bereichert.

Christoph Wilker, Frühjahr 2015

Und im Volk Verlag erschien die folgende Publikation des Autors:

Die unbekannten Judenhelfer

Wie Zeugen Jehovas im Nationalsozialismus jüdischen Mitmenschen beistanden

Bisher weitgehend unbekannt, setzten die Zeugen Jehovas während der Zeit des Nationalsozialismus immer wieder ein Zeichen gegen den vorherrschenden Antisemitismus in der Gesellschaft, indem sie „jüdisch" verfolgten Personen halfen. In jahrelanger Recherche hat Christoph Wilker dafür Belege gesammelt und stellt nun einige bewegende Einzelschicksale vor, wie das des jungen Berliners Dagobert Lewin, der 1942 bei einer Familie von Zeugen Jehovas Schutz fand. Und Inge Deutschkron, die von Franz Gumz, einem Zeugen Jehovas, und seiner Frau Emma, versteckt wurde. Sie war eine von vielen, die dem Ehepaar Gumz ihr Überleben zu verdanken haben.

Seine Recherchen beleuchten eine bisher wenig beachtete Seite des zivilen Widerstands. *„In diesem Buch sind Berichte von Zeugen Jehovas zusammengetragen, die – spät genug – ein helles Licht auf einen weithin unbekannten Aspekt der Hilfe für Juden und deren Rettung werfen."*

(Zitat aus dem Geleitwort von Prof. Dr. Wolfgang Benz, Historiker, Vorurteilsforscher)

288 Seiten, Hardcover mit zahlreichen Abbildungen: 17,90 Euro,
ISBN 978-3-86222-435-7

Erhältlich im Buchhandel, Online-Handel, beim Volk Verlag München www.volkverlag.de und auf der Website **www.judenhelfer.de**